U0884989

中华文化风采录

浩瀚经典宝库

百家的哲学

孔繁荣◎编著

北方妇女儿童出版社
·长春·

版权所有　侵权必究

图书在版编目(CIP)数据

百家的哲学 / 孔繁荣编著. 一长春 : 北方妇女儿童出版社, 2017.4（2022.8重印）
（浩瀚经典宝库）
ISBN 978-7-5585-0918-6

Ⅰ. ①百… Ⅱ. ①孔… Ⅲ. ①古代哲学一介绍一中国 Ⅳ. ①B21

中国版本图书馆CIP数据核字(2017)第054157号

百家的哲学
BAIJIA DE ZHEXUE

出 版 人　师晓晖
责任编辑　吴　桐
开　　本　700mm×1000mm　1/16
印　　张　6
字　　数　85千字
版　　次　2017年4月第1版
印　　次　2022年8月第3次印刷
印　　刷　永清县晔盛亚胶印有限公司
出　　版　北方妇女儿童出版社
发　　行　北方妇女儿童出版社
地　　址　长春市福祉大路5788号
电　　话　总编办：0431-81629600

定　　价　36.00元

习近平总书记说："提高国家文化软实力，要努力展示中华文化独特魅力。在5000多年文明发展进程中，中华民族创造了博大精深的灿烂文化，要使中华民族最基本的文化基因与当代文化相适应、与现代社会相协调，以人们喜闻乐见、具有广泛参与性的方式推广开来，把跨越时空、超越国度、富有永恒魅力、具有当代价值的文化精神弘扬起来，把继承传统优秀文化又弘扬时代精神、立足本国又面向世界的当代中国文化创新成果传播出去。"

为此，党和政府十分重视优秀的先进的文化建设，特别是随着经济的腾飞，提出了中华文化伟大复兴的号召。当然，要实现中华文化伟大复兴，首先要站在传统文化前沿，薪火相传，一脉相承，弘扬和发展5000多年来优秀的、光明的、先进的、科学的、文明的和自豪的文化，融合古今中外一切文化精华，构建具有中国特色的现代民族文化，向世界和未来展示中华民族具有独特魅力的文化风采。

中华文化就是中华民族及其祖先所创造的、为中华民族世世代代所继承发展的、具有鲜明民族特色而内涵博大精深的优良传统文化，历史十分悠久，流传非常广泛，在世界上拥有巨大的影响力，是世界上唯一绵延不绝而从没中断的古老文化，并始终充满了生机与活力。

浩浩历史长河，熊熊文明薪火，中华文化源远流长，滚滚黄河、滔滔长江是最直接的源头，这两大文化浪涛经过千百年冲刷洗礼和不断交流、融合以及沉淀，最终形成了求同存异、兼收并蓄的辉煌灿烂的中华文明。

中华文化曾是东方文化的摇篮，也是推动整个世界始终发展的动力。早在500年前，中华文化催生了欧洲文艺复兴运动和地理大发现。在200年前，中华文化推动了欧洲启蒙运动和现代思想。中国四大发明先后传到西方，对于促进西方工业社会形成和发展曾起到了重要作用。中国文化最具博大性和包容性，所以世界各国都已经掀起中国文化热。

中华文化的力量，已经深深熔铸到我们的生命力、创造力和凝聚力中，是我们民族的基因。中华民族的精神，也已深深根植于绵延数千年的优秀文化传统之中，是我们的精神家园。但是，当我们为中华文化而自豪时，也要正视其在近代衰微的历史。相对于5000年的灿烂文化来说，这仅仅是短暂的低潮，是喷薄前的力量积聚。

中国文化博大精深，是中华各族人民5000多年来创造、传承下来的物质文明和精神文明的总和，其内容包罗万象，浩若星汉，具有很强的文化纵深感，蕴含丰富的宝藏。传承和弘扬优秀民族文化传统，保护民族文化遗产，已经受到社会各界重视。这不但对中华民族复兴大业具有深远意义，而且对人类文化多样性保护也有重要贡献。

特别是我国经过伟大的改革开放，已经开始崛起与复兴。但文化是立国之根，大国崛起最终体现在文化的繁荣发展上。特别是当今我国走大国和平崛起之路的过程，必然也是我国文化实现伟大复兴的过程。随着中国文化的软实力增强，能够有力加快我们融入世界的步伐，推动我们为人类进步做出更大贡献。

为此，在有关部门和专家指导下，我们搜集、整理了大量古今资料和最新研究成果，特别编撰了本套图书。主要包括传统建筑艺术、千秋圣殿奇观、历来古景风采、古老历史遗产、昔日瑰宝工艺、绝美自然风景、丰富民俗文化、美好生活品质、国粹书画魅力、浩瀚经典宝库等，充分显示了中华民族厚重的文化底蕴和强大的民族凝聚力，具有极强的系统性、广博性和规模性。

本套图书全景展现，包罗万象；故事讲述，语言通俗；图文并茂，形象直观；古风古雅，格调温馨，具有很强的可读性、欣赏性和知识性，能够让广大读者全面触摸和感受中国文化的内涵与魅力，增强民族自尊心和文化自豪感，并能很好地继承和弘扬中国文化，创造未来中国特色的先进民族文化，引领中华民族走向伟大复兴，在未来世界的舞台上，在中华复兴的绚丽之梦里，展现出龙飞凤舞的独特魅力。

仁政思想——儒家经典

道法自然——道家经典

以法治国——法家经典

百花齐放——各家各派

儒家经典

华夏民族经过长期发展，在夏、商、周时期，已经形成了一定的价值观和行为规范。到了春秋时期，由于诸侯争霸，造成“礼崩乐坏”。鲁国思想家孔子在总结、概括和继承夏、商、周三代传统文化的基础上，创造性地提出了“仁、义、礼、智、信、恕、忠、孝、悌”的主张，以建立一种新的和谐秩序。

孔子顺应了历史发展潮流，他所创立的儒家学说是当时最重要的学派。儒家思想后经孟子、董仲舒等人的进一步发展，成为了我国古代的主流思想，产生了一系列儒家经典著作，代表了儒学思想的传承，对后世有巨大的影响。

儒家至圣孔子与《论语》

孔子画像

在我国东周时期，周王室东迁后日益衰微，逐渐丧失了宗主地位，各个诸侯为了争夺霸主地位，开始了长期的兼并战争。

这期间，鲁国的孔子面对“礼崩乐坏”的社会现实，痛心疾首。为了建立一种新的秩序和规则，他决心恢复周公建立的礼乐制度，提出了“克己复礼”的主张，并用“仁”对“礼”进行改造，提出并完善了“仁学”理论。

孔子认为，“仁”就是“爱人”，就是对人要尊重、关心和体谅。“仁”既是每个人必备的修养，

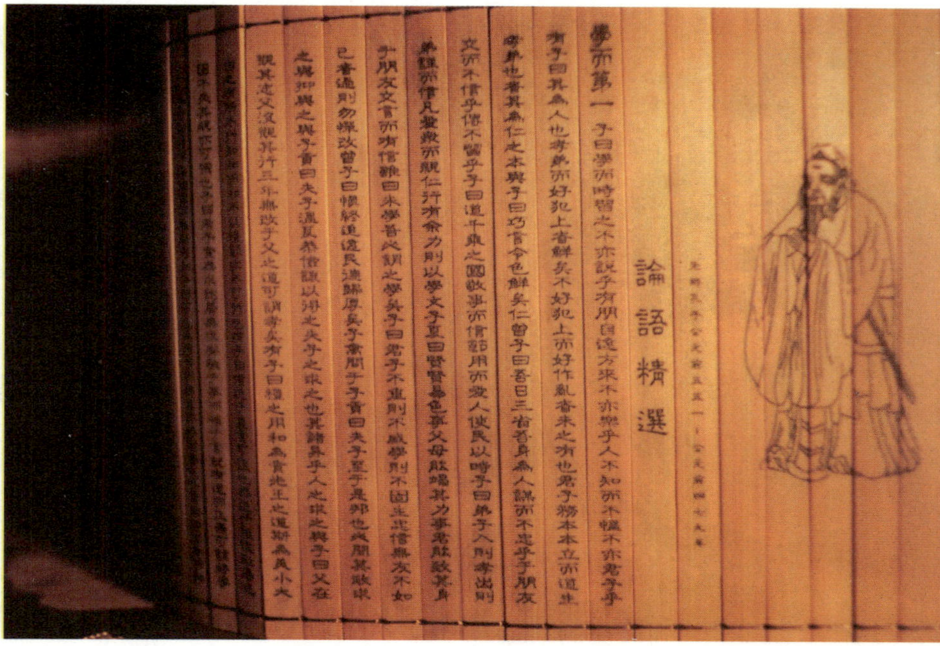

《论语》竹简

又是治国平天下必须遵循的原则。

孔子把孝悌看成“仁”的根本，他把“仁”运用到政治领域，就是重视人民，关心百姓的疾苦，就是“德治”。为了实践“仁”，孔子十分重视“礼”，主张克制自己，使自己的言论、行为都符合礼的要求。

一天，孔子的学生子贡向孔子请教：“老师，什么是仁？如何做到仁？”

孔子回答：“克制自己，恢复周礼，就是仁；以周礼为标准，时时处处严格要求自己，使自己的言行符合周礼，就是做到仁了！”

为了实现自己的这一政治主张，孔子经过了长达15年在各诸侯国的游说。然而，由于当时各诸侯国都忙于争霸，并没有谁采纳他以“仁”治国的政治主张。

颠沛流离十几年后，年近70岁的孔子在并未实现

子贡（前520年～前456年），端木赐，复姓端木，字子贡。孔子弟子。春秋时期著名政治家、儒商之祖。子贡利口巧辞，且有干济才。曾任鲁、卫两国之相。他还善于经商之道，富致千金，为孔子弟子中首富。孔子去世后，子贡守丧6年，为孔子弟子中为孔子守丧时间最长者。

孔子讲学图

自己政治主张的情况下，回到鲁国，专事讲学和历史文献的整理，并把自己的政治主张和思想抱负倾注于笔端，成为我国历史上私学的开山鼻祖，开创了影响我国知识分子2000多年的儒家学派。

孔子一生从事教育事业达40多年之久，门生众多。据史料记载，孔子弟子有3000人，其中才华出众、品德优良者72人。

孔子去世后，他的主要弟子及其再传弟子将孔子的言行整理成书，书名叫《论语》，内容包括孔子谈话、孔子答弟子问、弟子之间的相互讨论以及弟子对孔子的回忆等，集中体现了孔子的政治主张、伦理思想、道德观念及教育原则等。

《论语》成书于战国初期，西汉时流传有《鲁论语》《齐论语》《古论语》3种抄本。西汉末安昌侯张禹以《鲁论》为基础，合《鲁论》《齐论》为

《礼记》我国古代一部重要的典章制度书籍，儒家经典之一。该书编定是西汉礼学家戴德和他的侄子戴圣。后来这部书便盛行不衰，并由解说经文的著作逐渐成为经典，到唐代被列为“九经”之一，对后世影响巨大。

一，称《张侯论》。东汉末郑玄又以《张侯论》为底本，参照《齐论》《古论》作《论语注》，遂为《论语》定本，被列为“七经”之一。

南宋时，著名思想家朱熹将《论语》和《孟子》以及《礼记》中的《大学》《中庸》合编为“四书”，又与《诗经》《尚书》《礼记》《周易》《春秋》并称为“四书五经”。后来成为读书人科举考试的必读书目，对后世影响很大。

《论语》作为一部涉及人类生活诸多方面的儒家经典著作，许多篇章谈到做人的问题。

孔子认为，一个人要正直，只有正直才能光明磊落，只有心中坦荡，做事才没有担忧。

做人要重视“仁德”，这是孔子在做人问题上强调最多的问题之一。在孔子看来，仁德是做人的根本，是处于第一位的。孔子还认为，只有仁德的人才

《论语》 儒家的经典著作之一，由孔子的弟子及其再传弟子编撰而成。它以语录体和对话文体为主，记录了孔子及其弟子的言行，集中体现了孔子的政治主张、伦理思想、道德观念及教育原则等。它作为一部涉及我国春秋时期人们生活诸多方面的儒家经典著作，在许多篇章都谈到了做人，对后世文学发展影响巨大。

能无私地对待别人，才能得到人们的称颂。

孔子提出仁德的标准，就是刚强、果断、质朴、语言谦虚的人接近于仁德。同时他还提出实践仁德的5项标准，即“恭、宽、信、敏、惠”，即恭谨、宽厚、信实、勤敏、慈惠。他说，对人恭谨就不会招致侮辱，待人宽厚就会得到大家的拥护，交往信实别人就会信任，做事勤敏就会取得成功，给人慈惠就能够很好地引导民众。孔子说能实行这五种美德者，就可算是仁了。

孔子强调做人还要重视全面发展。他说：

志于道，据于德，依于仁，游于艺。

意思是说，志向在于道，根据在于德，凭借在于仁，活动在于“六艺”，即礼、乐、射、御、书、数。只有这样，才能真正地做人。

《论语》是研究孔子思想的主要资料。一部《论语》，将孔子及其门生的有限生命融入无尽历史中，创造了我国古代光辉的人文主义精神，被后人誉为“天不生仲尼，万古如长夜”“半部《论语》治天下”。

阅读链接

孔子周游列国回鲁国后，受到国君鲁哀公的召见。鲁哀公问政于孔子，孔子认为，国君为政之要在于选臣，并对此作了详细的解答。

孔子认为，国君为政在于执掌国家大事，而国家各方面的大事要靠各方面的大臣去办理，大臣选得好，国家就治理得好。尧、舜、禹、汤、周文王、周武王皆注重选用优秀的大臣，结果，都把国家治理得很好。所以，对于国君来说，选臣是至关重要的大事。鲁哀公对孔子的解答很满意。

儒家宗圣曾子与《大学》

曾子画像

孔子有3000多名学生，所以学生都听过孔子讲解尧、舜、禹及西周时期的先王之道，但只有曾子一个弟子明白其中的真义。于是，曾子把孔子的讲解写成书籍《大学》作为其传讲精义，并在此基础上加以发挥和说明传给后世。

曾子姓曾名参，是春秋末期鲁国人，他的祖先是五帝之首黄帝，也是夏禹王的后代，曾参是太子巫的第五代孙，被列为孔子门徒“七十二贤”之一。

孔子去世以后，曾子参积极地推行儒家主张，传播儒家思想，开始聚徒讲学，门下有不少弟子，被人们尊称为曾子。孔子孙子孔伋，字子思，师从曾参，子思学成之后又传授给孟子。

孔伋 字子思，孔子之孙，生于公元前483年，战国初期鲁国人。是我国春秋战国时期著名的思想家，儒家的主要代表之一。与孔子、孟子、颜子、曾子比肩，并称为五大圣人。因此旧时以子思、孟子、颜子、曾子配祀孔子于孔庙，所以又与孟子、颜子、曾子并称“四配”。

曾参上承孔子之道，下启“思孟学派”，对孔子的儒学学派思想既有继承，又有发展和建树。曾参以他的建树，成为与孔子、颜子、子思、孟子比肩的人，并称为儒家五大圣人。

曾参作为孔子学说的主要继承人和传播者，在儒家文化中具有承上启下的重要地位，他著述有《大学》《孝经》等儒家经典著作，后世的儒家尊他为“宗圣”。

曾子认为，人们只有知道自己应该达到的境界，才能够志向坚定地走下去。因此，他在《大学》中系统总结了先秦儒家的伦理政治思想，旨在弘扬人们光

■ 孔子拒见曾子

明正大的品德，使人达到最完善的境界。

古籍《大学》

《大学》为“初学入德之门也”。第一章提出了明明德、亲民、止于至善3条纲领，又提出了格物、致知、诚意、正心、修身、齐家、治国、平天下8个条目。8个条目是实现3条纲领的途径。在8个条目中，“修身”是其中最根本的、具有决定意义的一步。十章分别解释明明德、亲民、止于至善、本末、格物致知、诚意、正心、修身、齐家、治国平天下。

《大学》在唐代被尊为经书，南宋以后被列为“十三经”之一。《大学》文辞简约，内涵深刻，影响深远。作为我国古代社会后期最重要的儒家经典之一，两千年来，无数仁人志士由此登堂入室以窥儒家之门，对人们如何做人、做事、立业等均有深刻的启迪意义。

阅读链接

有一天，曾子夫人到集市上去赶集，他的儿子哭着闹着也要跟着去。他母亲说：“你先回家待着，待会儿我回来杀猪给你吃。”没多久，曾子夫人刚从集市上回来，就看见曾子要捉小猪去杀，她就劝止说：“我只不过是跟孩子开玩笑罢了。”

曾子说：“这可不能开玩笑啊！小孩子没有思考和判断能力，要向父母亲学习，听从父母亲给予正确的教导。现在你欺骗他，这就是教孩子骗人啊！母亲欺骗儿子，儿子就不再相信自己的母亲了，这不是正确的教育孩子的方法啊。”

儒家亚圣孟子与《孟子》

孟子画像

公元前408年，齐国攻破了鲁国的郕城（鲁桓公庶长子公子庆父的后代孟孙氏的食邑）。城破之后，孟孙氏子孙遂分散流落到其他诸侯国，其中有一支迁居到邹国。

迁居到邹国的孟孙氏后人中有个名叫孟轲的人，他15岁时拜儒家思想创始人孔子孙子子思为师。经过青少年的饱学和钻研之后，他开始在家乡聚徒讲学，并逐渐成为当时地方上最有影响的

■孟母教子塑像

儒学大师，被人尊称为孟子。

孟子继承和发展了孔子的德治思想，并把孔子的德治思想发展为仁政学说，其内容包括经济、政治、教育以及统一天下的途径等。孟子认为，仁政就是君王应该像父母一样关心人民的疾苦，人民应该像对待父母一样去亲近、服侍君王。

孟子认为，如果君王实行仁政，则可以得到人民的衷心拥护；反之，如果君王不顾人民死活，推行虐政，将会失去民心而变成独夫民贼，被人民推翻。

那时候，天下诸侯混战的情形已经到了非常严重的地步，诸侯国为了争当霸主，对内力图改革，以富国强兵，对外则进行兼并战争，以扩大疆土，致使人民流离失所。

孟子痛感于当时诸侯国之间“争地以战，杀人盈野；争城以战，杀人盈城”的严酷，以及王公大人脑满肠肥而人民食不果腹的不公，决定仿效先师孔子游

仁政 一种儒家思想。孔子的“仁”是一种含义极广的伦理道德观念，其最基本的精神就是“爱人”。孟子从孔子的“仁学”思想出发，把它扩充发展成包括思想、政治、经济、文化等各个方面的施政纲领，就是“仁政”。“仁政”的基本精神也是对人民有深切的同情和爱心。

■孟子行孝图

说诸侯的做法，规劝诸侯实施“仁政”，以求得天下的统一和社会的安定。于是，孟子在40多岁时，带着众多弟子，开始周游列国，推行他的“王道”学说和“仁政”主张。

孟子根据战国时期的经验，总结各诸侯国治乱兴亡的规律，提出了一个富有民主意义的著名命题：

民为贵，社稷次之，君为轻。

孟子认为，国君应以爱护人民为先，为政者要保障人民的权利。因为如何对待人民这一问题，对于国家的治乱兴亡，具有极大的重要性。

治乱 是指治理混乱的局面，使国家安定太平。在我国传统文化中，治乱是很重要的一个概念，天下大势，合久必分，分久必合，合则为治，分则为乱。治乱的根本还在于制度化、法律化，做到有法可依、有章可循，这才能治得彻底、全面、长久。

然而，当时诸侯国致力于富国强兵，希望通过暴力的手段实现大一统。孟子的仁政学说被认为是“迂远而阔于事情”，并没有实行的机会。

由于孟子的政治主张也与孔子的一样不被重用，所以便回到家乡聚徒讲学，与学生万章等人著书立说。《史记·孟子荀卿列传》载：

> 孟轲所如不合，退与万章之徒序《诗》、《书》，述仲尼之意，作《孟子》七篇。

《孟子》一书是孟子的言论汇编，由孟子及其弟子共同整理而成，记述了孟子一生的主要言论、政治

大一统 我国古代的一种思想。我国的大一统思想由来已久，早在春秋时期的大圣人孔子心中的理想帝王就应具有一统天下的权威。我国大一统的逻辑中派生出来的许多观念，使得大一统在国人的心中扎下根来，国人对大一统形成了精神依赖。

性善说 孟子的学说，是在他自己的那套心、性观基础上建立起来的。其心、性观主要有以下两点内容：第一，它是"道德层面"的心性，不是"情欲层面"的心性。第二，这个道德层面的心性具有仁义的内在先天规定性。

活动和思想学说，属语录体散文集。

全书共有7篇，分别是《梁惠王》上、下；《公孙丑》上、下；《滕文公》上、下；《离娄》上、下；《万章》上、下；《告子》上、下；《尽心》上、下。

《孟子》一书集中地体现了孟子的政治思想、哲学思想和教育思想。孟子的政治思想与孔子一脉相承，并把孔子"仁"的政治思想发展为"仁政"学说。

同时，孟子还指出，国家存在的根本不在于"天时、地利"，而在于"人和"，"得道者多助，失道者寡助"，劝诫统治者要与民同忧同乐。

孟子的"仁政"学说，其哲学基础是"性善说"。他认为人性善，把仁、义、礼、智看成人的

孟子说齐图

本，是先天固有的，所以人就应该努力地去培养和扩展这些善的本性。

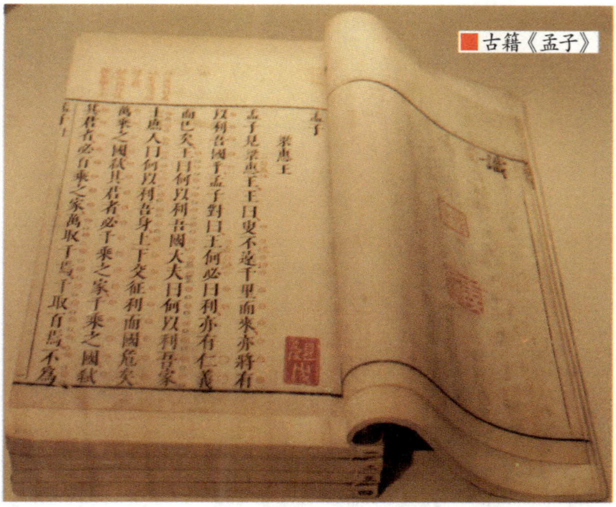

古籍《孟子》

除此之外，孟子还非常重视教育对人的影响作用；强调人的自我教育，主张修身养性，“养吾浩然之气”，以完善自我；他还教育人们为实现远大奋斗目标，要有“苦其心志”“劳其筋骨”“饿其体肤”的吃苦精神，并提出“富贵不能淫，贫贱不能移，威武不能屈”的道德标准。

孟子去世后，他成为仅次于孔子的一代儒家宗师。东汉著名的经学家赵岐称孟子为“命世亚圣之大才”。元文宗皇帝加赠孟子为“邹国亚圣公”，尊封为“亚圣”，从此，孟子便与孔子合称为“孔孟”。

南宋著名的思想家朱熹将《孟子》与《论语》《大学》《中庸》合在一起，称“四书”。直到清末，“四书”一直是科举必考内容。

阅读链接

齐宣王在别墅雪宫里接见孟子，问道：“贤人也有在这样的别墅里居住游玩的快乐吗？”孟子回答说：“有。人们得不到这种快乐就会埋怨他们的国君，这是不对的；可国君不与民同乐也是不对的。国君以老百姓的忧愁为忧愁，老百姓也会以国君的忧愁为忧愁。以天下人的快乐为快乐，以天下人的忧愁为忧愁，这样还不能够使天下归服，是没有过的。”

齐景公听了孟子的话非常高兴，先在都城内做了充分的准备，然后驻扎在郊外，并打开仓库，赈济贫困的人。

儒家后圣荀子与《荀子》

东周时期，赵国猗氏人荀子是个著名政治家，他受到齐都临淄的稷下学宫学术风气的感召，慕名而来。

稷下学宫聚集了当时各个学派的精英，荀子度过了较长一段时间的游学生涯，广泛接触到了诸子百家的学说，并逐

■荀子（约前313年～前238年），名况，时人尊而号为“卿”，西汉时因避汉宣帝刘询讳，因“荀”与“孙”二字古音相通，故又称孙卿，战国末期赵国猗氏人，著名思想家、文学家、政治家，儒家代表人物之一。荀子对儒家思想有所发展，提倡性恶论，其学说常被后人拿来跟孟子的“性善说”比较，荀子对重新整理儒家典籍也有相当显著的贡献。

渐形成了自己的思想。

荀子曾经游历齐、秦、赵、楚等国，也有长期游学于稷下学宫的经历，这为他思想学说的形成和成熟提供了可资借鉴的丰富养分。后来，荀子定居兰陵，著书立说，课子讲学，直至病故。

荀子著述宏富，据载，在汉初流传的就有300多篇，后来经过汉儒刘向的校雠，最终定为32篇，而经后人编辑成《荀子》一书。

在荀子的社会政治思想中，礼是一个核心观念。他主张“隆礼”，提倡礼治，同时也重法。他说，“礼义者，治之始也”“法者，治之端也”。荀子认为礼和法不是截然分开的，而是相互渗透的。荀子具有明显的调和礼法的倾向，也正是因为这样，荀子强调治民要用两手，他在主张“爱民”的同时也不放弃刑罚，他说：“罪至重而刑至轻，庸人不知恶矣，乱莫大焉。”

荀子用法充实礼，并没有喧宾夺主，改变其儒家的基本立场。通过荀子对王霸问题的态度和德治、爱民等主张就看得出来荀子同孔孟一样，也是崇王道而黜霸道的。

荀子唯物主义的自然观主要体现为“明于天人之分”和“制天命

荀子《劝学篇》

而用之”。荀子认为天和人各有自己的职分，应该将其加以区分，并否认天有意志，否认“天命”。

认识论是荀子思想中极为重要的一个部分，其核心观念是“解蔽”。荀子认为人的认识开始于感性，是通过人的耳、目、口、鼻等感官与对象接触而产生的感觉，这就是荀子所谓的“缘天官”思想。

荀子在对先秦诸子思想的批判性总结、“正名”理论以及音乐和诗赋理论等方面也有许多独到的思考，提出了许多具有启发性意义的观点和学说。这些共同构成了荀子集先秦诸子之大成的博大精深的思想体系。由于荀子的学说在秦汉时期儒家经典传播中有重要地位，所以他的学说很受重视。汉初诸经如《左氏春秋》、大小戴《礼记》、《易经》等的传授，均与荀子及其弟子有关，可以说荀子对汉代经学发展有重要影响。

荀子的学说立足儒家，兼取道、法，旁收百家，形成了一个博大而又开放的系统，建立起自己集大成的唯物主义哲学体系。如果说我国传统文化是一种以儒道互补为主体、以多元并存为特色的整体结构，那么荀子作为一个集先秦诸子之大成的思想家，他对百家思想的批判性总结和整合，对这种整体结构的形成可以说是功不可没的。

阅读链接

有一次，李斯和荀子谈论仁义的话题，李斯认为商鞅变法使秦国由弱变强，并非荀子所说的仁义、礼制得到的。荀子严肃地说道：“你所说的强盛只是一时的利，我所说的仁义才是延至万世的利。秦国虽然历经几世的强盛，却经常为六国联合起来对抗自己感到忧虑。你眼中的秦国之强不过是时处乱世、一时的用兵得胜罢了，而没有把仁义作为根本。”

此后的历史发展证实了荀子的预言，秦国统一天下仅仅15年之后就被天下群雄灭亡了。

道家经典

中华民族在发展过程中，利用自身的智慧悟出世间的万千万物都有正确与不正确、好与坏、美与丑等。这个相对应的学说观点，被老子归纳成一个字就是 “道”，并由此创立了道学学派。

道学学派包括道论、道的宇宙生成图式、时空观、气论、气的人体观及辩证法、认识论等内容，旨在倡导自然无为。这一思想经过后来的庄子、列子、王弼、郭象等人的进一步发展和完善，逐渐形成了成熟的道学哲学。它究天人之际，通古今之变，影响深远。

被称为“大道之源”的《易经》

在远古的时候，华夏族部落首领伏羲团结统一了华夏各个部落，定都在陈地，封禅泰山。伏羲取蟒蛇的身、鳄鱼的头、雄鹿的角、猛虎的眼、红鲤的鳞、巨蜥的腿、苍鹰的爪、白鲨的尾、长须鲸的须，创立了中华民族的图腾——龙，“龙的传人”由此而来。

伏羲雕像

伏羲八卦图

在当时，人们对大自然一无所知。天气会变化，日月会运转，人会生老病死，所有这些现象，谁也不知道是怎么回事。人们遇到无法解答的问题，都问伏羲，伏羲解答不了时，感到很茫然，人们为此每天提心吊胆地过日子。

伏羲经常环顾四方，揣摩着日月经天、斗转星移，猜想着大地寒暑、花开花落的变化规律。他看到中原一带蓍草茂密，开始用蓍草为人们卜筮。

伏羲通过长期对天地宇宙万物的观察和思考，发现宇宙万物之间有一个规律。那时人类没有文字，为了表达这个规律，聪明的伏羲便用符号“—”表示。“—”是太极，是天地未分时物质性的浑沌元气。伏羲认为世间的一切都是由“—”这个整体衍生出来的。

伏羲 又称宓羲、庖牺、包牺、牺皇、皇羲、太昊、苍牙等。他是华胥氏之子、少典之父、炎帝和黄帝之祖父，是女娲的哥哥兼丈夫，为上古“三皇”之一，与女娲同被尊为人类始祖，与黄帝同被尊为人文初祖。他创造历法、教民渔猎、驯养家畜、烹饪食物、制定婚嫁仪式、始造书契、发明陶埙和琴瑟乐器、任命官员等；并创立了中华民族的统一图腾——“龙”。

伏羲八卦图

太极动而生阳，静而生阴，这一阴一阳被伏羲称为两仪。伏羲认为阴阳是构成宇宙万事万物最基本的元素。但宇宙万物之间的阴阳到底是怎么转换的呢？伏羲想来想去，怎么也想不出个头绪来。

有一天，伏羲在河边捕鱼，看到一只白色的龟。这只龟近圆形，龟爪像龙，周身洁白，玲珑剔透。龟身上的纹理错落有致：中央有5块，周围有8块，龟盖外围有24块，腹底12块。

伏羲认为这只白龟是个神物，所以就挖了个池子，把白龟放养在里边。伏羲每次逮些小鱼虾去喂白龟时，白龟都会凫到伏羲跟前，趴在坑边不动弹。伏羲没事儿就坐在坑沿儿，边看白龟边思考宇宙万物之间的规律。

有一天，伏羲折一根草秆儿，在地上比着白龟盖上的花纹画。他画着画着，忽然想到以前曾经用“—”这个符号代表太极，于是，他在地上画出一个“—”的符号来表示阳，又画出一个“——”的符号来表示阴。然后，他将这两个符号反复搭配，或一阳二阴，或一阴二阳，画来画去，最后竟产生8种新的符号。

阴阳 源自古代中国人民的自然观。古人观察到自然界中各种对立又相联的大自然现象，如天地、日月、昼夜、寒暑、男女、上下等，以哲学的思想方式归纳出“阴阳”的概念。早至春秋时代的《易经》以及老子的《道德经》都有提到阴阳。阴阳理论已经渗透到中国传统文化的方方面面，包括宗教、哲学、历法、中医、书法、建筑堪舆、占卜等。

画到这时，伏羲又把象征万物的金、木、水、火、土的“五行”按照龟盖中央5块纹理的秩序排列出来；把象征方位的“乾、艮、震、巽、坎、离、坤、兑”按龟身周围8块的纹理秩序排列出来；把象征二十四节气的符号按照龟盖外围24块的纹理秩序排列出来；把象征十二地支的子、丑、寅、卯、辰、巳、午、未、申、酉、戌、亥按照龟腹底12块纹理的秩序排列出来。画完这些后，一幅八卦图展现在伏羲面前。这就是后来人们所说的“先天八卦”。

先天八卦是伏羲的伟大创造，从此以后，只要有

二十四节气 指时节和气候，是我国古代制定的一种用来指导农事的补充历法。我国农历是根据太阳也根据月亮的运行制定的，农事完全根据太阳进行，所以在历法中又加入了单独反映太阳运行周期的“二十四节气”，用作确定闰月的标准。

伏羲八卦图

蓍草 多年生草本植物，有短的根状茎。古人认为蓍草生长1000年能生出300茎，且历代相传此草非圣人之地而不生，这无疑给蓍草罩上了一层神秘的外衣，于是远古先民们求卦习惯用蓍草。古人占卜时烧蓍草作卦，跟龟壳的作用一样。

人问天气，伏羲便依据先天八卦的规律，对外界事物的动向和变化进行一番观察，然后得出明天天气如何的结果。

在一次又一次地精确预测出天气后，人们对伏羲越来越信赖，问天气的人越来越多，伏羲来不及应付，就说：“从明天开始，我在村口的大树上挂一幅图像，你们一看图像就知道第二天是什么天气。”

从此以后，伏羲每天都把分别代表8种最基本的自然现象的八卦画挂在村口。这样一来，村民每次出门时，只要去村口看一眼八卦画，就知道出门后会不会遇到恶劣天气了。

到了商末的时候，西部诸侯长姬昌鉴于国君商纣王昏庸无道，劝谏商纣王应该体恤民艰，爱护百姓。商纣王不听谏言，还将姬昌囚禁于当时的国家监狱羑里城。

■古籍《易经》

■周文王 （约前1152年～约前1056年），姓姬名昌，黄帝的后裔，季历之子，华夏族人，西周奠基者。商纣王统治时，他被封为西伯，也称伯昌。他治理岐山50年，使岐山的政治和经济得到了极大发展。其子姬发得天下后，追尊他为“周文王”。孔子称周文王为“三代之英”。

姬昌虽然身陷囹圄，但他自强不息，立誓有所作为。他用监狱地上长的蓍草作为工具，将伏羲的先天八卦演绎成64卦、384爻，每卦有卦辞，爻有爻辞。

姬昌把自己如何立志，如何心怀天下，以及为人处世、走出逆境、治理国事、居安思危、对待婚姻家事等全部寓寄在了卦辞和爻辞上。于是，这64卦和384爻遂成为人们推演人生、宇宙和社会变化规律的《易经》。

姬昌被解救出狱以后，在姜尚等人的辅佐下积善修德，使周族实力大大增强，为后来周武王姬发灭商建周打下了坚实的基础。周武王建周后，追尊姬昌为周文王。

《易经》是我国最古老的文献之一，其内容极其丰富，先秦时期的《黄帝内经》《孙子兵法》、老庄学说、孔孟之道等，无不和《易经》有着密切的联系。以至于到西汉时期，《易经》被儒家尊为“五经”之首，在我国文化史上享有崇高地位。

由于《易经》成书很早，其中的文字含义到春秋战国时已经不易读懂了。于是，便有很多人专门研究

《孙子兵法》

又称《孙武兵法》《吴孙子兵法》《孙子兵书》《孙武兵书》等，是世界上第一部军事著作，世界三大兵书之一，被誉为“兵学盛典”。《孙子兵法》是中国古典汉族军事文化遗产中的璀璨瑰宝，是中国优秀文化传统的重要组成部分，其内容博大精深，思想精邃富赡，逻辑缜密严谨，是古代汉族军事思想精华的集中体现。作者为春秋时期吴国将军孙武。

文王演周易

《易经》，那些研究《易经》的人被称为易学家，研究《易经》的学说被简称为易学。

易学在后来的发展过程中，逐渐分成易理易学、象数易学、数理易学、纳音易学几大类。易理易学又称义理易学，是专门讲述易经本经哲学义理的易学；象数易学的宗旨在于运用；数理易学是研究《易经》中的科学思想与数学思想；纳音易学则结合了易理易学和象数易学的思想。

总之，《易经》是我国文化的源头活水，被誉为“群经之首，大道之源”。而对《易经》的研究代代不断，易学大家辈出，对我国古老而优秀的文明做出了贡献。

阅读链接

伏羲为了画出八卦，他围着不周山的四面八方挖了8个洞，在不同方位仔细观察天上的星星。有一回，伏羲来到一个叫孟河的地方，河里忽然冒出个怪物来。伏羲水性好，一下子捉住了这个怪物。这怪物有5尺8寸长，头尾像马，身子像龙，又有鳞。伏羲认为是龙马，便把它供了起来。到了晚上，龙马发亮，背上四面八方现出了55个亮点子，像天图一样。

伏羲看到后十分兴奋，马上照着这个龙马背上的图样画下来。此后，终于画出了八卦的图案来。

道家创始人老子与庄子

据传说，公元前571年的楚国曲仁里，有位孕妇正坐在李子树下歇息，忽听得天上仙乐奏鸣，四周香风缥缈，接着这位孕妇便觉左腋一阵剧痛，随之从腋下生出一个鹤发童颜、美眉广颊的小孩。

这孩子一生下来就会说话，他指着面前的李子树说："这就是我的姓。"于是，这位母亲便为他取名为李耳，字聃。因李耳生下来就

■老子（约前571年~前471年），本名李耳，是我国古代伟大的哲学家和思想家、道家学派创始人，被唐朝帝王追认为李姓始祖。老子是世界文化名人，他存世有《道德经》，其作品的精华是朴素的辩证法，主张无为而治，其学说对我国哲学发展具有深刻影响。在道教中老子被尊为道祖。

老子出游壁画

鹤发童颜，像位老者，人们便称他为“老聃”。

老聃从小就是一个勤于用脑的孩子。他喜欢与小朋友在家乡的河滩、林间玩耍。当老聃独自一人时，便常常面对天穹和河中的流水久久无语，似乎在揣摩大自然的奥秘。

商容 我国商代纣王时的乐官，因为忠直被纣王贬黜。商周“牧野之战”后，他和殷人一起看周军入殷。周武王命人表彰了他的忠贤。商容作为当时的著名贤者，历来被后人所敬仰。《史记》乐书、《礼记》乐记、《史记索隐》引《韩诗外传》《史记索隐》都有提及。

有一次，老聃与小朋友在一棵大树下玩耍，他看到大树上写着一个“楝”字，就对小朋友说：“这是一棵楝树。”而在大树另一侧的小朋友则说：“不对，这是槐树。”两人为此发生了争执。

后来，两个人围着大树转了一圈，才发现树的一侧虽然写着楝字，但另一侧写的却是槐字，原来这是一棵楝槐连理树。通过这件事，老聃懂得了看问题要全面，不能以偏概全。

老聃最喜欢的，还是家乡的小河。它终年默默流淌，日夜不息，滋润着两岸的土地，而且能够包容忍让，遇到东西阻挡时，便悄然绕道离去。虽然有时候它是涓涓细流，看似柔弱；可一旦到了洪水季节，它又像脱缰的野马，浩浩荡荡，无坚不摧。

老聃母亲见老聃静思好学，她便请精通殷商礼乐的商容老先生为师，教授老聃。商容通天文地理，博古今礼仪，深受老聃一家敬重。

一次，商容得了重病，少年老聃前去探望。商容问了老聃三个问题。

商容问："不论什么人，经过故乡时都要下车，你知道这是为什么吗？"

老聃答："这是表示人不论如何腾达，都不应该忘记家乡、忘记根本。"

商容点了点头，表示赞许，又问："人从高大的树木旁边经过时，要弯腰鞠躬，这又是为什么？"

老聃回答说："在高大的树下弯腰，是表示敬老的意思。"商容见老聃聪明过人，十分满意。

接着，商容张大嘴巴让老聃看，然后问道："我的舌头在吗？"

老子教授弟子图

老子书写《道德经》

老聃回答说："在。"

商容又问："我的牙齿还在吗？"

老聃摇了摇头："不在了。"

商容问道："你知道这是为什么吗？"

老聃想了想回答说："舌头还存在，是因为它柔弱；牙齿掉光了，那是因为它太刚强了。"

商容没有想到老聃小小的年纪竟能对这些深奥问题有如此深刻的理解，他心里非常高兴。

随着老聃人品和学识的不断长进，他的名气也越来越大，被周王任命为守藏室史。当时，人们称学识渊博者为"子"，以示尊敬，因此，人们皆称老聃为"老子"。

老子任周守藏室史，转眼间已过30余年。一日，老子忽得家讯，言家母病危，于是报请天子，归家省视。待老子回到家时，母亲已辞世。

函谷关 西据高原，东临绝涧，南接秦岭，北塞黄河，是我国历史上建置最早的雄关要塞之一，地处"长安古道"，紧靠黄河岸边，因关在谷中，深险如函，故称函谷关。这里曾是战马嘶鸣的古战场，与"一夫当关，万夫莫开"的剑门关都是重要关口，又是我国古代思想家、哲学家老子著述五千言《道德经》的地方。千百年来，众多海内外道家、道教人士都到这里朝圣祭祖。

面对茫茫大地上一堆黄土，老子悲痛欲绝。片刻，老子又如释重负，饱餐一顿后倒头大睡。家将、侍女都对老子的这番表现感到不解，等老子醒来后，便问他缘故。

老子回答道："人之生，都是从无到有，又由有返回到无。这是自然之理。违背自然之理就是愚蠢！我想到这个，便当吃就吃，当睡就睡。"众人闻之，心皆豁然旷达。

后来，当老子来到函谷关的时候，函谷关令尹喜见老子出现时有紫气东来的瑞祥，觉得老子是一位高人，便非常热情地招待了老子。后来，尹喜一再拜求老子教他学问，老子就写下了5000多字的文章。这五千言的文章便是《道德经》。

《道德经》又称《道德真经》《老子》《五千言》《老子五千文》。分上下两篇，原文上篇《德经》、

尹喜（前559年～前545年），字文公，号文始先生。甘肃天水人，周代楚康王之大夫，他自幼究览古籍，精通历法，善观天文，习占星之术，能知前古而见未来。周昭王二十三年，眼见天下将乱，他便辞去大夫之职，请任函谷关令，以藏身下僚，寄迹微职，静心修道，或称"关尹"。

■《道德经》碑廊

> **《庄子》** 又名《南华经》，是道家经文，是战国早期庄周及其门徒所著，到了汉代道教出现以后，便尊之为《南华经》，且封庄子为南华真人。庄子文笔汪洋恣肆，具有浪漫主义的艺术风格，《南华经》乃先秦诸子文章的典范之作。

下篇《道经》，不分章。后改为《道经》在前，《德经》在后，总共为81章。

《道德经》是我国历史上首部完整的哲学著作，其思想内容微言大义，一语万端，为先秦诸子所共仰，是道家哲学思想的重要来源，被华夏先辈誉为万经之王。

春秋战国时期，道家重要流派除了老子之外，还有庄周，他与老子并称为“老庄”，其学说被称为“老庄学说。”

庄周是战国中期宋国蒙人，其祖上系楚国贵族，后因楚国动乱，迁至宋国。庄周自幼静思好学，崇尚老子的道家之学。随着庄周学识的不断长进，他的名气也越来越大，被人们尊称为“庄子”。

庄子的学问非常渊博，对当时各派学术都有研究，并形成他自己的看法。他的代表作品是《庄

■ 道教思想经典《庄子》

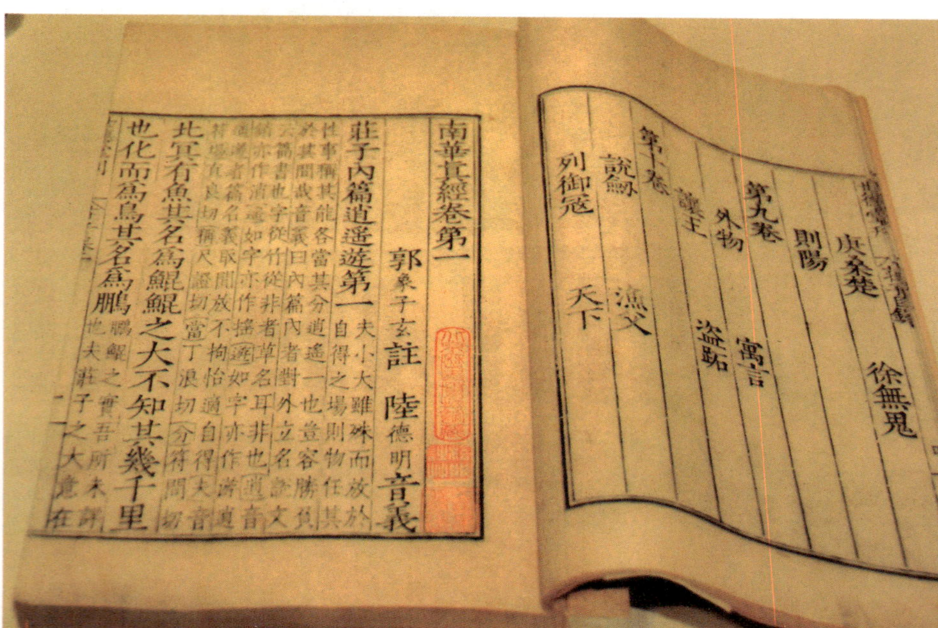

子》，也称《南华经》，是道家经典之一，为庄子及其后学的著作集，其中的《逍遥游》《齐物论》《养生主》等名篇，尤为后世传诵。

庄子超常想象和变幻莫测的寓言故事，构成了庄子特有的想象世界。他的文笔变化多端，并采用寓言故事形式，富有幽默讽刺的意味，对后世文学语言有很大影响。

《庄子》在哲学、文学上都有较高的研究价值，它和《周易》《老子》并称为“三玄”。

庄子画像

阅读链接

传说老子从小聪明伶俐，能说会道，而且极富哲学思想。有一次，有人问他：“万物是从哪儿来的？”老子想了想，说：“用一个字来概括就是‘道’。”问的人满腹狐疑地问：“此话何讲？”于是老子就给他解释，问的人受益匪浅。

老子认为，天地之间，只有阴阳而已。阴阳要统一，既不靠天，也不靠地，这就构成了道。任何事物都要维持阴阳的统一和平衡。老子对“道”的认识，是道家思想的核心。

冲虚真人列子与《列子》

战国时期，郑国圃田有位终生致力于道德学问的人名叫列御寇，他曾师从老子弟子尹喜、著名隐士壶丘子、老商氏和支伯高子。由于他学问渊博，道德高尚，一心清静修道，被人们尊称为列子。

■列子（约前450年—前375年），名御寇，战国时期郑国圃田人。道家学派著名的代表人物，著名的思想家、寓言家和文学家。对后代的哲学、文学、科技、宗教都有深远的影响。著有《列子》。那时，由于人们习惯在有学问的人姓氏后面加一个“子”字，表示尊敬，所以列御寇又称为“列子”。《列子》中的“天体运动说”“地动说”“宇宙无限说”都远远早于西方的同类学说。唐玄宗于天宝年间诏封列子为“冲虚真人”。列子一生安于贫寒，不求名利，不进官场，隐居郑地40年，潜心著述20篇，约10万字。

运粮画像砖

一次，一位列国使者入郑拜访列子时，他发现这位自己仰慕的有道之士竟然经常在饿肚皮的情况下，埋头搞学问。于是，使者便跟郑国的宰相郑子阳说："你治理的国家一派兴旺景象，而像列子这样一位有道之人，在你的国家却生活得如此贫困，是不是因为你不喜欢像他这样贤达的士人？"

郑子阳听得使者这么一说，认为自己怠慢了有道之人，便马上派官吏给列子送去10车米粟。列子虽然穷得经常吃不饱饭，却婉言谢绝了郑子阳送来的米粟。

列子妻子看着可以接济自家的米粟就这样被列子拒之门外，不免有点埋怨丈夫。待郑子阳派来的官吏离开后，她对列子说道："我听说，作为有道之人的妻子儿女都能够享受到安逸欢乐，可是如今我们明明已经在忍饥挨饿，你却仍然将宰相好心赠送给我们的食物拒绝了。你这样做，难道是命中注定我们要跟随你过苦日子吗？"

列子笑着对妻子说："郑子阳先生并没有真正地了解我，只听到别人谈论我便派人送东西给我，说明他是个轻信别人的人。假若有

列子御风图轴

一天他再听到别人说我不好，那么，他也会在不了解真实情况下怪罪于我。这就是我之所以不愿意接受他恩惠的真正原因。”

果然，没过多久，郑国发生了变乱，郑子阳在变乱中被杀，郑子阳的党众也被牵连致死。列子因为没有接受郑子阳的恩惠而得以安然无恙。

当时，因为战争频繁，人们为了保护自己宝贵的生命，纷纷学习“贵生”之道。一次，列子的弟子严恢向列子请教如何做才能保住自身。列子对严恢说：“你如果懂得怎样保持落后，我就可以和你谈怎样保住自身了。”

严恢不解地说：“保持落后就能保住自身吗？请老师赐教。”

列子说：“回头看看你的影子，就知道了。”

聪明的严恢回过头看了一下自己的影子，马上便明白了老师的意思，对老师说：“我明白了。身体弯曲，影子便弯曲；身体正直，影子便正直。影子的弯曲与正直是随身体而变化的，根源不在影子自身；自己的屈曲与伸直是随外物而变化的，根源不在我自己。这就叫保持落后却处于前列。”

列子与老子、庄子是道家思想的3个主要代表人

贵生 指珍惜生命，以生命为贵。贵生属于我国古代道家子华子学派的学说。子华子认为，道的实体用来保护身体，它的剩余用来治理国家，它的渣滓用来治理天下。圣人深思熟虑天下的事，认为没有什么是比生命更宝贵的。

物。列子的道家思想主张清静无为，后被道教尊奉为“冲虚真人”。

庄子在他所著的《庄子》中有许多关于列子的传说，比如列子曾向壶丘子林和老商氏学过气功，而《逍遥游》中把他描绘成神仙，庄子写道：

列子御风而行，泠然善也，旬有五日而后反；彼于致福者，未数数然也。

意思是说，列子乘风飞行，飘然轻巧，15天后才返回。他对于寻求幸福的事，从来没有过急急忙忙追求的样子。

传说当列子潜心修道时，御风而行，常在立春之日乘风游八荒，在立秋之日返回住所“风穴”。这些记载虽然夸张，但也间接反映了列子道家学问的精深和列子超然物外的道家风范。

庄子 名周，字子休，道教祖师，号南华真人，为道教四大真人之一，东周战国时期宋国蒙人，我国战国时期著名的思想家、哲学家、文学家，道家学说的主要创始人之一。庄子是老子思想的继承和发展者。后世将他与老子并称为“老庄”。他们的哲学思想体系被思想学术界尊为“老庄哲学”。代表作品为《庄子》，其中名篇有《逍遥游》《齐物论》等。

列子御风塑像

列子学说主要是养生术，因为他不大关心政治，认为政治事务与政治斗争，以及一切改造社会和改造自然的努力都有碍于养生。在这方面，列子与老子“无为而无不为”的思想有明显区别，而比较接近于庄子。

列子一生安于贫寒，不求名利，不进官场，隐居郑地40年，潜心著述20篇，约10万字。

《列子》是列子、列子弟子以及列子后学著作的汇编。全书8篇，140章，由哲理散文、寓言故事、神话故事、历史故事组成。书中共有神话、寓言故事102个，《黄帝篇》中有19个，《周穆王篇》中有11个，《说符篇》中有30个。这些神话、寓言故事和哲理散文，篇篇闪烁着智慧的光芒。

《列子》的每篇文字，不论长短，都自成系统，各有主题，反映睿智和哲理，浅显易懂，饶有趣味。《列子》是我国古代思想文化史上的著名典籍，属于诸家学派著作，是一部能开启人们心智，给人以启示智慧之书。

阅读链接

少年列子跟着老师尹喜学射箭。有一次，列子一箭射中靶子，忙高兴地跑去问尹喜：“老师，现在我能一箭射中靶子，是不是我已经学会了射箭？”尹喜说：“你知道你为什么射中了靶子吗？”列子回答说：“不知道。”尹喜说：“不知道那还不算学会了射箭。”于是，列子跟着尹喜又学了3年。

3年之后，列子再去向尹喜求教。尹喜又问：“现在你知道你为什么射中靶子了吗？”列子说：“知道了。”尹喜说：“知道了为什么射中，这才算是真正的学好了。你要记住，做学问、学技能，不能以一两次侥幸成功就满足了，要扎扎实实地弄懂弄通才算是真正掌握了真本领。”

竹林七贤之首嵇康与玄学

东汉末年，社会危机日益尖锐，在意识形态上居于支配地位的儒家思想开始动摇，“自然”“无为”的老庄思想开始抬头，人们开始崇尚贵生、避世思想。

嵇康画像

到了曹魏建安时期，以曹氏为首的名士们推崇黄老思想，崇尚放达，以至于清谈之风盛行。魏正始年间，嵇康、阮籍、山涛、向秀、刘伶、王戎及阮咸7人，常在当时的山阳县竹林之下喝酒、纵歌，肆意酣畅，世谓“竹林七贤”。这对魏晋时期玄学思想产生了直接影响。

■竹林七贤

居于“竹林七贤”之首的嵇康，曾经写文章论述老庄崇尚自然的论点，说明自己的本性乐在自然。其实，他的这一思想与他的个人经历有关。

嵇康年幼丧父，由母亲和兄长抚养成人，从小便博览群书和学习各种技艺。成年后的嵇康容貌出众，迎娶魏王曹操的曾孙女长乐亭主为妻，官至曹魏中散大夫，世称嵇中散。

中散大夫 官名，简称中散。西汉末年王莽时置，或作东汉光武帝置，掌论议政事，员额30人。历代沿置。唐、宋为文散官，正五品上，为文官第十阶。宋元丰改制后，以换光禄卿至少府监各官。后定为第十四阶。元代时废除。

嵇康崇尚老庄，讲求养生服食之道，主张“越名教而任自然”的生活方式。

嵇康承道家虚静淡泊的思想，以超脱的襟怀，深邃的哲思，在自然山水中观照自己的理想人格，赋予自然丰富的主观情感，开创了山水审美寄情、畅神的艺术心灵境界。

嵇康回归自然，超然物外得自在，不为世俗所拘，而又重情谊。有一次，大将军司马昭准备礼聘嵇康为幕府属官，他听说后，赶紧跑到河东郡躲避

起来。同为“竹林七贤”的山涛曾推荐他做官，他作《与山巨源绝交书》，列出自己有“七不堪”“二不可”，坚决拒绝为官。

嵇康爱好打铁，铁铺子在后园一棵枝叶茂密的柳树下，他引来山泉，绕着柳树筑了一个小小的游泳池，打铁累了，就跳进池子里泡一会儿。史书《晋书·嵇康传》写道：

康居贫，尝与向秀共锻于大树之下，以自赡给。

嵇康有自己的养生诀窍，他认为人之所以能长寿，在于注意平时在细微之处保养自己。他的养生之道，关键在于平日一点一滴的修养，不使自身为七情所伤、六淫所中，如此才能身体强健，得以长寿。嵇康认为，只要会养生，人是可以长寿的。

至于导养得理，以尽性命，上获千余岁，下可数百年，可有之耳。

嵇康认为，正确的养生之道应该是：

君子知形恃神以立，神须形以存，悟出理之易失，知一过之害生。故修性以保神，安心以全身，爱憎不栖于情，忧喜不留于意，泊然无感而体气和平，又呼吸吐纳，服食养身，使形神相亲，表里俱济也。

除了养生，嵇康还通晓音律，著有音乐理论著作《琴赋》《声无哀乐论》，他主张声音本质是“和”，合于天地是音乐的最高境界，认为喜怒哀乐从本质上讲并不是音乐的感情而是人的情感。

嵇康作有《风入松》，相传《孤馆遇神》也为嵇康所作，又作《长清》《短清》《长侧》《短侧》四曲，被称为“嵇氏四弄”，与东汉著名文学家蔡邕创作的“蔡氏五弄”合称“九弄”，是我国古代一组著名琴曲。

另外，嵇康还擅长书法和丹青。其墨迹“精光照人，气格凌云”，被列为草书妙品。

阅读链接

嵇康曾到洛西去游览，晚上宿于华阳亭，曾遇见一位穿着古代衣服的客人，与嵇康谈论音乐。客人谈到高兴时，便把嵇康的琴要过来弹奏，弹完曲子告诉嵇康说，此曲名叫《广陵散》。嵇康听后很感动，再加上他觉得此人所弹出的声调无人能及，于是就向客人求教。

客人并不拒绝，一遍一遍地教，一直把嵇康教会。之后客人要求嵇康发誓，不把这支曲子传给别人。嵇康指天发誓后，客人连姓名也未留就走了。嵇康学会《广陵散》后，经常弹奏它，以致引得许多人前来求教。

法家经典

以法治国

战国初期，封建制在各诸侯国相继建立，应经济、政治、思想领域全面变革奴隶制的需要，产生了新兴地主阶级的法家学派。这一学派的著名思想家如管仲、商鞅、申不害、韩非、李斯等，都主张以法治国，在法律界及法理学方面做出了卓越贡献。

法家在法理学方面做出了很大贡献，对于法律的起源、本质、作用以及法律同社会经济、时代要求、国家政权、伦理道德、风俗习惯、自然环境以及人口、人性的关系等基本的问题都做了探讨，且卓有成效。

春秋第一相管仲与《管子》

春秋末年，在竞相争霸的各个诸侯国中，齐国是其中实力较强的一个。

当时的齐国是齐襄公在位，但由于内部矛盾尖锐，齐襄公的兄弟和大臣都逃往国外。公子小白和公子纠也都出国寻找政治出路。

管仲画像

公子纠的母亲是鲁国国君的女儿，所以拥护公子纠的大臣管仲便陪同公子纠来到鲁国，而公子小白则在大臣鲍叔牙的保护下躲到了莒国。

后来齐国发生内乱，逃亡在外的公子纠和公子小白都想趁此机会夺回君位。

公子小白接到信后与鲍叔牙提

前上路。当公子纠得知公子小白已经上路时，就派管仲带人埋伏在路上准备偷袭公子小白。当公子小白飞马赶到时，管仲搭弓引箭向公子小白射去，公子小白大叫一声倒在地上装死。管仲误以为公子小白已死，便匆忙赶回去向公子纠报告。

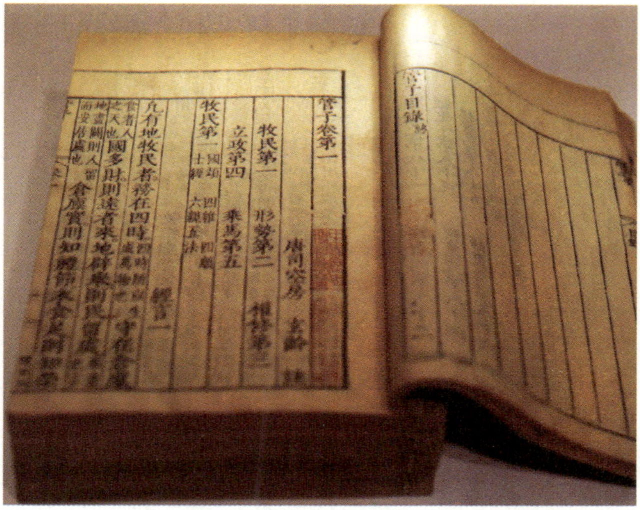

古籍《管子》书影

其实公子小白只是肩臂上受了一点伤，并无生命危险。等管仲走后，公子小白与鲍叔牙快马加鞭赶回齐国，并顺利地当上了齐国的国君，即齐桓公。

管仲与公子纠知道公子小白当上齐国国君后，便求得鲁国帮助攻打齐国，想要夺回王位。交战中鲁国大败，公子纠被杀，管仲也被装入了囚车送回齐国。

鲍叔牙与管仲是好朋友，两人的交情非常深。当管仲被送回齐国边境的时候，鲍叔牙把他从囚车中放了出来，并劝说管仲辅助齐桓公。

管仲本来就有“治国平天下”的远大抱负，于是就答应了。但齐桓公一直对管仲射他一箭怀恨在心，想要处死管仲。鲍叔牙对齐桓公说：“我的才能远远不及管仲，如果您想要治国图强称霸天下，您就必须重用管仲。”

齐桓公是个非常爱惜人才的人，他听鲍叔牙这样

公子小白（前716年～前643年），即齐桓公，春秋时代齐国第15位国君，是姜太公吕尚的第12代孙，是齐僖公禄甫的三儿子，其母为卫国人。公元前685年到公元前643年在位。他任用管仲为相，国势渐盛，终成“春秋五霸”之首。

山戎 我国春秋时期北方的一支较强大的少数民族。又称北戎，匈奴的一支。活动地区在今河北省北部。据史书记载，山戎部族以“射猎禽兽为生”，经常联合侵犯中原。公元前664年，齐桓公兴兵救燕伐山戎，灭掉令支、孤竹山戎部族，约战国晚期，山戎逐渐销声匿迹。

一说，便打消了杀管仲的念头。为了试探一下管仲到底有多大的才能，齐桓公便任用管仲为国相，位在鲍叔牙之上。鲍叔牙并没有因此而嫉妒管仲，反而与管仲齐心协力辅助齐桓公。

管仲立即推荐了公子举、公子开方和曹孙宿3位人才，把他们派出去做鲁国、卫国和荆国的大使，先来稳定国际间的紧张局面。齐桓公都立刻照办了。

紧接着，管仲又起用了一批各有所长、尽忠职守的出色人才。其中最具代表性的便是“桓管五杰”，他们是负责外交、农业经济、国防军事、司法行政、监察的5位大臣。

管仲对齐桓公说：“这5个人，每个人都比我强，如果让我做他们中无论哪一个人做的事，我是绝对干不来的。假如你只想把齐国一国政治搞好，国富兵强，只要有这5位大臣就行了。如果你想在列国之间做霸主，那就非我不可了。”

齐桓公说：“好吧，都照你说的去办吧！”

■《东周列国志》插图

由于管仲大刀阔斧地推行改革，实行军政合一、兵民合一的制度，齐国逐渐强盛。公元前681年，齐桓公在甄地召集宋、陈等4国诸侯会盟，成为我国历史上第一个充当盟主的诸侯。

管仲蜡像

当时中原华夏各诸侯苦于戎狄等部落的攻击，于是齐桓公打出“尊王攘夷”的旗号，北击山戎，南伐楚国，成为中原第一个霸主，受到周天子赏赐，齐国的势力更加壮大了。

管仲终于帮助齐桓公成就了春秋第一霸主的地位。他也因此被后人誉为“春秋第一相”。

由于管仲的思想和政绩非比寻常，在管仲去世后的战国初年，管仲的学生和门人在齐都临淄稷下学宫形成了一个管仲学派。他们收编和记录管仲生前的思想、言论，编撰成了《管子》一书。

《管子》原书564篇，除去重复的478篇，实为86篇。后经汉代经学家刘向编定86篇，全书16万言，内容分8类。其中包括《经言》9篇，《外言》8篇，《内言》7篇，《短语》17篇，《区言》5篇，《杂篇》10篇，《管子解》4篇，《管子轻重》16篇。

《管子》有很强的法家色彩，包括大量具体的治国方术。其中对法律的作用分析认为：

法者，所以兴功惧暴也；律者，所以定分止争也；令者，所以令人知事也。

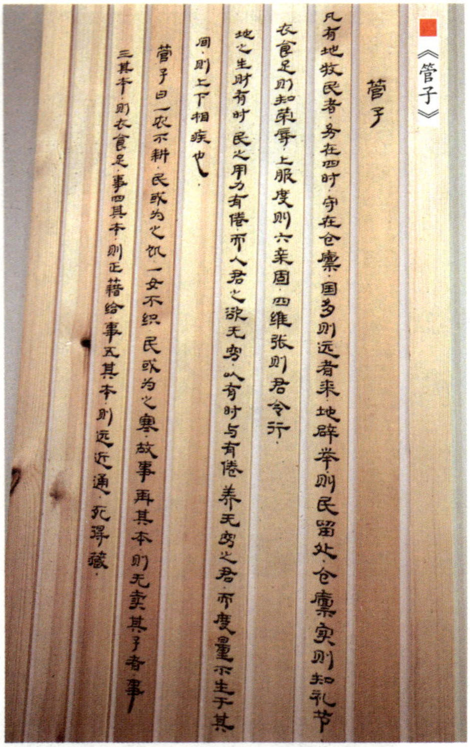

《管子》

同时《管子》也糅合了儒家思想，例如《管子》认为，治国之道，必先富民。民富则易治，民贫则难治。可谓观点鲜明。

《管子》也含有道家思想，例如其中就有最古老的道教修行的记载。《管子》也有经济学的观念，《乘马》一章中指出："市者，可以知治乱，可以知多寡"，"而万人之所和而利也。"

《管子》在社会科学方面几乎无所不包，而且对自然科学、思维科学的某些内容也有许多论述。《管子》在诸子百家中占有十分重要的地位，是研究我国古代政治、经济、法律等各方面思想的珍贵资料。

阅读链接

鲍叔牙和管仲是好朋友。管仲出身贫寒，鲍叔牙出身大家，两人合伙经商时，鲍叔牙总是把更多的利益让给管仲。鲍叔牙和管仲一起去当兵，每次作战管仲都会向后缩，所以经常遭到别人的耻笑。每当这时，鲍叔牙总要站出来为管仲辩解说："管仲并不是贪生怕死之辈，他家里有老母亲在，他哪敢死呢！"鲍叔牙后来当了官，把管仲从一介贫民，逐步提拔为太子纠的辅佐。

管仲对鲍叔牙没齿难忘，他在晚年时，逢人便诉说对鲍叔牙的感念，二人的友情可谓至深。

改革家商鞅与《商君书》

战国时期，卫国的一个贵族世家家里添了一个儿子，取名公孙鞅。公孙鞅是卫国国君的后裔，姬姓公孙氏。

商鞅塑像

公孙鞅年轻时十分喜欢刑名法术之学，受著名法家人物李悝、吴起的影响很大，他向明于刑名之术的思想家尸佼学习杂家学说，后侍奉魏国国相公叔痤任中庶子。

公元前362年，秦孝公继位，公孙鞅听说秦孝公在国内发布求贤令，他便携带李悝的《法经》投奔秦国，通过秦孝公的宠臣景监见到了孝公。

公孙鞅第一次用帝道游说秦孝公，秦孝公听后直打瞌睡，并通过景监指责公孙鞅是个狂妄之徒，不可任用。

5天后，公孙鞅再次会见秦孝公，用王道之术游说，秦孝公还是不能接受并再次通过景监责备公孙鞅。

公孙鞅便又第三次去拜见秦孝公，这次他用霸道之术游说。秦孝公虽然予以肯定，但没有采用。然而聪明的公孙鞅此时已领会秦孝公心中争霸天下的意图，于是，他再次求见秦孝公。

这次会见，公孙鞅开始畅谈富国强兵之策，秦孝公听时十分入迷，膝盖不知不觉向公孙鞅挪动，二人畅谈数日毫无倦意。

景监不得其解，事后向公孙鞅询问缘由。公孙鞅说秦孝公意在争霸天下，所以对耗时太长才能取得成效的帝道、王道学说不感兴趣。

公元前359年，秦孝公打算在秦国国内进行变法，但又害怕国人议论纷纷，所以犹豫不决。于是，他召开朝会命臣工商议此事，旧贵族代表甘龙、杜挚起来反对变法。

公孙鞅针锋相对地说："以前的朝代政教各不相同，应该去效法哪个朝代的古法呢？古代帝王的法度不相互因袭，又有什么礼制可以遵循呢？伏羲、神农教化不实行诛杀，黄帝、尧、舜虽然实行诛杀但却不过分，等到了周文王和周武王的时代，他们各自顺应时势而建立法度，根据国家的具体情况制定礼制，礼制和法度都要根据时势来制

商鞅青铜方升

秦朝人物蜡像

定，法制、命令都要顺应当时的社会事宜，兵器、铠甲、器具、装备的制造都要方便使用。所以说，治理国家不一定用一种方式，只要对国家有利，不一定非要效法古代。”

公孙鞅进一步阐述道：“商汤、周武王称王于天下，并不是因为他们遵循古代法度才兴旺，殷朝和夏朝也不是因为他们更改旧的礼制才覆亡的。既然如此，违反旧的法度的人，不一定就应当遭责难；遵循旧的礼制的人，不一定值得肯定。国君对变法的事就不要迟疑了。”

秦孝公最终采纳了公孙鞅的意见，决定在国内进行变法。公孙鞅在这次变法之争时提到的“圣人苟可以强国，不法其故；苟可以利民，不循其礼”，成为当时秦国政治的指导原则。

周武王（？~前1043年），姬发，周文王次子。他继承父亲遗志，于公元前11世纪消灭商朝，夺取全国政权，建立了西周王朝，表现出卓越的军事、政治才能，成为了我国历史上的一代明君。去世后谥号“武”，史称周武王。

商鞅雕塑

变法之争结束后，秦孝公于公元前359年命公孙鞅在秦国国内颁布《垦草令》，作为全面变法的序幕。其主要内容有刺激农业生产、抑制商业发展、重塑社会价值观，提高农业的社会认知度，削弱贵族、官吏的特权，让国内贵族加入到农业生产中、实行统一的税租制度等改革方略。

经过了两次变法后，秦国国力逐渐强大。河西在秦穆公时曾是秦国的土地，秦穆公去世后，有一次秦国和魏国交战，秦国败，便把河西割让给魏国。

收复河西失地、恢复秦穆公时期的霸业，一直是秦献公和秦孝公两代国君的愿望。秦孝公继位后，更是将收复河西失地作为国家的首要任务之一。所以，国力富强后，秦孝公便开始酝酿攻打魏国。

公孙鞅作为收复河西失地的主将，在战争中充分显示了他的军事及外交才能，使此战获得了胜利。秦孝公为奖励他，遂封他为商君，食十五邑。从此公孙鞅被称为商鞅。

商鞅的思想在他去世后经过发展，逐渐形成一门

秦献公（约前424年～前362年），《世本》作秦元献公，《越绝书》作秦元王。《史记索隐》记载名师隰，《吕氏春秋》记载公子连。秦灵公之子，战国时期秦国国君。在位期间在秦国国内进行改革，其中包括废止人殉、迁都、扩大商业活动、编制户籍和推广县制，是秦国实现再度崛起的奠基人。

学派，名为商学派。商学派经过建立、开拓、发展、定型和后劲5个阶段，配合秦的历史，逐渐成为主宰秦国乃至后来统一帝国秦王朝的思想主流。

《商君书》也称《商子》，是商鞅及其后学的著作汇编，是法家学派的代表作之一。书中主张依法治国、重农抑商、重战尚武、重刑轻赏，贬斥儒家学说、纵横家及游侠。

《商君书》文体多样，议论体有《农战》《开塞》《划策》等十数篇，或先综合后分析，或先分析后综合，兼用归纳演绎，首尾呼应。有时也运用比喻、排比、对比、借代等修辞手法。

其中，《徕民》篇运用了“齐人有东郭敞者”的寓言，以增强说理的效果和形象性。说明体有《垦令》《靳令》《境内》等篇，是对秦政令的诠释。辩难体有《更法》，通过人物对话相互驳辩来阐述中心论点，西汉著名史学家司马迁录入《史记·商君列传》，用以表明商鞅的主张。

《商君书》文字虽然不多，但内容庞杂，其中涉及经济、政治、军事、法治等诸多重大问题，可谓洋洋大观，成为我国古代法家的经典著作，对后世影响很大。

阅读链接

公元前341年，秦国联合齐、赵两国攻打魏国。同年9月，秦孝公派商鞅进攻魏国河东，魏派公子卬迎战。两军对峙时，商鞅派使者送信给公子卬，说：“我当初与公子相处得很快乐，如今你我成了敌对两国的将领，不忍心相互攻击，我可以与公子当面相见，订立盟约，痛痛快快地喝几杯然后各自撤兵，让秦魏两国相安无事。”

公子卬赴会时被商鞅埋伏的甲士俘虏，商鞅趁机攻击魏军，魏军大败。魏惠王被迫割让河西部分土地求和。

法家思想集大成者韩非与《韩非子》

韩非画像

战国时期，约公元前281年，韩国国君歙的妃子生下一个儿子，取名韩非。韩非从小就聪明好学，后来拜著名的荀子为师，学习各种经论。韩非有些口吃，不善言谈，但他博学多能，才学超人，文章写得非常好，他的同学李斯自以为不如。

韩非虽然师奉荀子，但思想观念却与荀子大不相同，他没有承袭荀子的儒家思想，而是在当时新的历史形势下，顺应时代发展的需求，“喜刑名法术之学”，并“归本于黄、老”，继承并发展了法家思想，成为当时法家之集大成者，被人们尊称为韩非子。

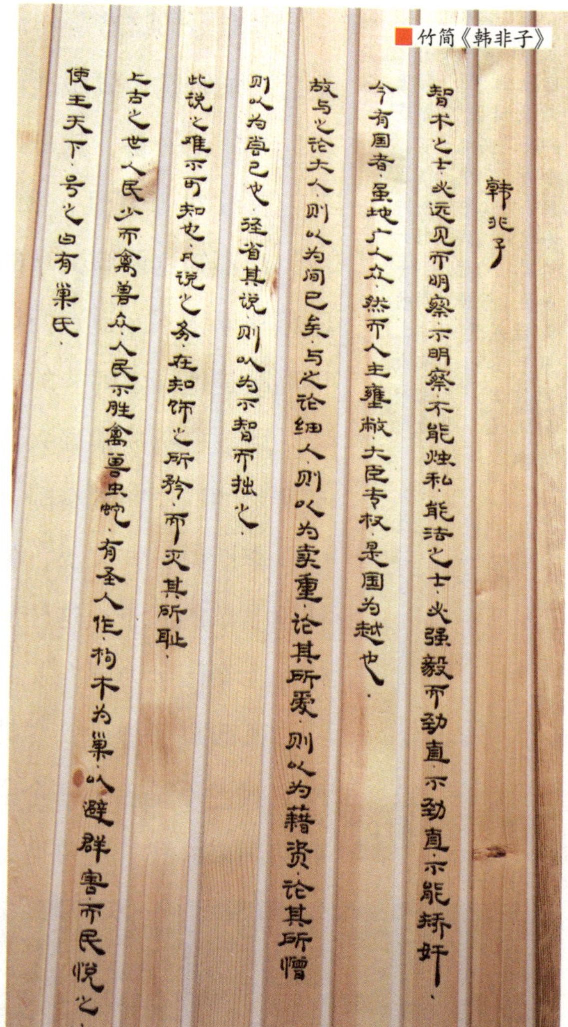

竹简《韩非子》

当时，韩国是“战国七雄”最弱小的国家，韩国邻近的秦国非常强大，为此韩国饱受秦国的威胁。再加上此时的韩王安个性懦弱，政权落入重臣之手，国内外形势都十分危急。

韩非眼见韩国国力日趋衰弱，内心非常着急，他便吸收了儒、道和法家商鞅的学说，提出一套要把君主的权威提高到绝对的地位的理论。

韩非多次向韩王安上书进谏自己的这套治国理论，希望国君安能够按照自己的建议励精图治，变法图强。然而安对韩非的进谏置若罔闻，始终都没采纳。

韩非大失所望，在悲观失望之余，他从“观往者得失之变”之中探索变弱为强的道路，并写了《孤愤》《五蠹》《内外储》《说林》《说难》等10余万言的著作，全面、系统地阐述了他的法治思想，抒发了自己忧愤孤直而不容于时的愤懑。

上卿 古代官名。春秋时期，周王朝及诸侯国都有卿，是高级长官，分为上、中、下三级，即上卿、中卿和下卿。战国时作为爵位的称谓，一般授予劳苦功高的大臣或贵族。相当于丞相或宰相的位置，并且得到王侯、皇帝的青睐。

韩非写的这些著作流传到了秦国，秦国国君嬴政读后大加赞赏，佩服地说：“寡人如果能见此人，与其同游谈论一番，就是死也都无憾了！”

嬴政对《五蠹》和《孤愤》推崇备至，仰慕已极，却不知这两篇文章的作者是谁。有一天，嬴政问国相李斯知不知道这两篇文章的作者是谁，李斯便告诉嬴政是他同学韩非的著作。

嬴政一听非常高兴，他马上说：“你把你这个文采斐然的同学叫到秦国，让他做我的门客吧。”

李斯说：“大王，韩非是韩国的公子，是韩国上任国君歇的儿子，这任国君安的弟弟，韩国怎么肯让他来为秦国出力呢？”

嬴政想了想说：“韩非这么有才华，让他留在韩国，我岂不是多了一个强劲的对手！我一定要把他弄到秦国来，我一定要见见这个了不起的大才子。”

■韩非子一鸣惊人雕像

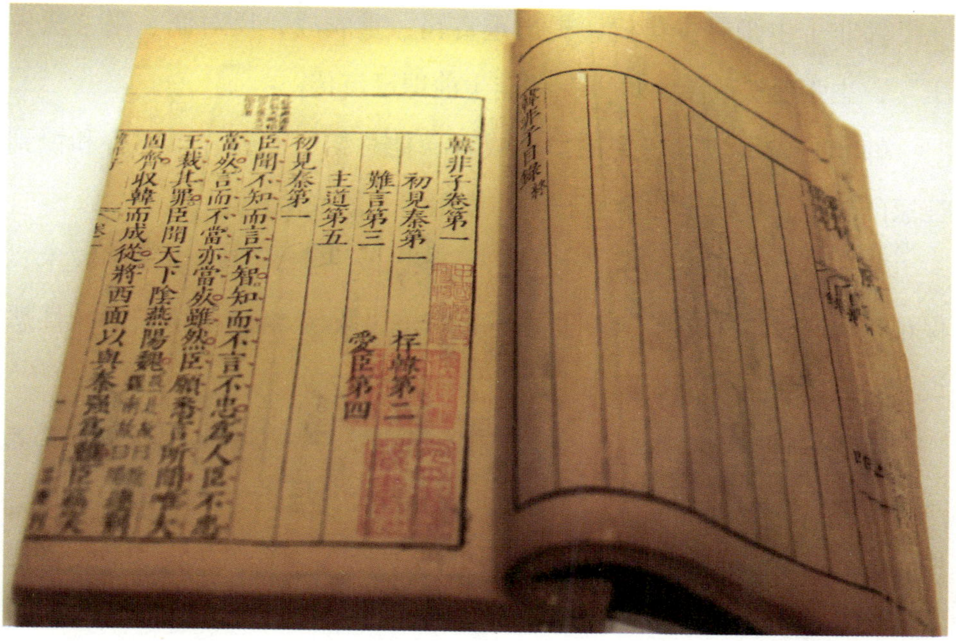

古书《韩非子》

为了见到韩非，嬴政便急切下令攻打韩国。韩国国君安本来一点都不重视韩非，也从不任用他，但在这种形势急迫的情况下不得不起用韩非，并派韩非出使秦国求和。

嬴政见到韩非十分高兴，他本来想重用韩非。国相李斯和上卿姚贾怕韩非取代了他们的位置，便极力在秦始皇面前诽谤韩非。嬴政听信了他们的谗言，既不信任韩非，也没有重用他。

后来，韩非去世后，当时各国国君与大臣竞相研究其著作《韩非子》，嬴政在《韩非子》的思想指引下，完成统一六国的帝业，做了始皇帝，号称秦始皇。

《韩非子》又称《韩子》，是韩非主要著作的辑录，共有文章55篇，10余万字。里面的文章，风格严峻峭刻，干脆犀利，保存了丰富的寓言故事，在先秦诸子散文中独树一帜。

性恶说 是我国古代著名思想家荀子提出的一种对人性的看法。荀子认为，人的本性并不是那么美好的，人的本性就是恶的，顺着人性的自然发展，必然导致各种恶的行为发生，造成社会的争乱。因此，必须用礼义法度等去化导人的自然本性，才可为君子。

韩非子主张君主集权，提出重赏罚，重农战，反对儒、墨“法先王”，主张变法改革。该书在韩非生前即已流传。

韩非是先秦法家思想的集大成者，他总结了商鞅、申不害和慎到三家的思想，提出了一套法、术、势相结合的法治理论。

韩非认为，君主应凭借权力和威势以及一整套驾驭臣下的权术，保证法令的贯彻执行，以巩固君主的地位。他还继承了荀子的“性恶说”，主张治国以刑、赏为本。

在《韩非子》中，《解老》《喻老》两篇，用法家的观点解释《老子》，集中表述了韩非的哲学观点；《五蠹》把历史发展分为上古、中古、近古3个阶段，他认为时代不断发展进步，社会生活和政治制度都要发生变化，复古的主张是行不通的；《显学》则记述了先秦儒、墨显学分化斗争的情况，主张禁止一切互相矛盾的学说，定法家的学说于一尊。

尤可称道的是，《韩非子》第一次明确提出了“法不阿贵”的思想，主张“刑过不避大臣，赏善不遗匹夫”。这是对我国法治思想的重大贡献，对于清除贵族特权、维护法律尊严产生了积极的影响。

阅读链接

《韩非子》中有一个“自相矛盾”的故事。矛和盾是古时候的两种武器，矛是用来刺人的，而盾则是用来挡矛的，功用恰恰相反。

楚国有一个兼卖矛和盾的商人。一天，他带着这两样货色到街上叫卖，先举起盾牌向人吹嘘说：“我这盾牌非常坚固，无论怎样锋利的矛也刺不穿它。”停了一会儿，他又举起矛向人夸耀说：“我这矛非常锋利，无论怎样坚固的盾牌它都刺得穿。”旁边的人听了，就问他说：“照这样说，就用你的矛枪来刺你的盾牌。结果会怎样呢？”这个商人窘得答不出话来了。

精通帝王术的李斯与法家

在我国战国时期的楚国上蔡这个地方，一户李姓人家家里添了一个男孩，取名李斯，字通古。

李斯从小就是善于思考的人，一天，他发现厕所中的老鼠看到人来就惊慌失措地逃窜，这使他忽然想到，米仓的老鼠看到他时，不但不逃，还大摇大摆地享用粟米。

李斯石刻雕像

这件事使李斯顿悟到环境对个人命运的影响，意识到做“厕中鼠”或“仓中鼠”，完全看自己怎么选择！于是，李斯决定做自己命运的主宰。

为了达到飞黄腾达的目的，李斯到齐国求学，拜大学者荀子为师，向他学习如何治理国家的学问，即所谓的“帝王之术”。

吕不韦（？～前235年），战国末期卫国的著名商人，后来的秦国丞相，著名的政治家、思想家。他往来各地，以低价买进，高价卖出，以“奇货可居”闻名于世，曾经辅佐秦庄襄王登上王位，他的门客有3000多人。他还组织门客编写了《吕氏春秋》，对后世影响很大。

学成之后，李斯辞别老师，来到了当时最强的秦国首都咸阳。在咸阳，李斯很快就得到秦相吕不韦的器重，当上了秦国小官，有了接近秦王嬴政的机会。

有一次，李斯对秦王说：“凡是干成事业的人，都必须要抓住时机，过去秦穆公时虽然很强，但未能完成统一大业，原因是时机还不成熟。自秦孝公以来，周天子彻底衰落下来，各诸侯国之间连年战争，秦国才乘机强大起来。现在秦国力量强大，大王贤德，消灭六国如同扫除灶上的灰尘那样容易，现在是完成帝业、统一天下的最好时机，千万不能错过。”

当时，秦王正下决心准备统一六国，所以李斯这话深得秦王欢喜。

于是，秦王便听取李斯用离间各国君臣的计谋对付六国，并按照李斯提出“先灭韩，以恐他国”的吞并顺序开始征伐韩国。李斯也因这个建议而得到了秦王的赏识，被提拔为长史。

韩国怕被秦国灭掉，派水工郑国到秦国鼓动修建

秦始皇与李斯雕像

水渠，目的是想削弱秦国的人力和物力，牵制秦的东进。后来，郑国修渠的目的暴露了。这时，东方各国也纷纷模仿韩国派间谍来到秦国做宾客。

李斯塑像

秦国的群臣对外来的客卿议论很大，有大臣对秦王说："各国来秦国的人，大都是为了他们自己国家的利益来秦国做破坏工作的，请大王下令驱逐一切来客。"

于是，秦王便下了逐客令，楚国人李斯也在被逐之列。这时，李斯给秦王写了一封信，劝秦王不要逐客，他说："我听说群臣议论逐客，这是错误的。从前秦穆公求贤人，从西方的西戎请来由余，从东方的楚国请来百里奚，从宋国迎来蹇叔，任用从晋国来的丕豹、公孙支。秦穆公任用了这5个人，兼并了二十国，称霸西戎。秦孝公重用商鞅，实行新法，移风易俗，国家富强，打败楚、魏，扩地千里，秦国强大起来。秦惠王用张仪的计谋，拆散了六国的合纵抗秦，迫使各国服从秦国。秦昭王得到范睢，削弱贵戚力量，加强了王权，蚕食诸侯，秦成帝业。这四代王都是由于任用客卿，对秦国才做出了贡献，如果这四位君王也下令逐客，只会使国家没有富利之实，秦国也没有强大之名。"

秦王明辨是非，他果断地采纳了李斯的建议，立即取消了逐客令，李斯仍然受到重用，被封为廷尉，重新受到秦王政的重用。李斯以卓越的政治才能和远见，于公元前221年，辅助秦王完成了统一六国的大业，建立了秦王朝。

秦建立后，秦王嬴政自称始皇帝，李斯被任为丞相。当时，由于各国的文字很不统一，同一个字，就有好几种写法。李斯便向秦始皇建议“书同文”，于是，秦始皇便下令禁用各诸侯国留下的古文字，一律以秦篆为统一书体。

公元前210年，李斯向秦始皇上了一道重要的奏折，废除原来秦以外通行的六国货币，在全国范围内统一货币。

于是，在李斯的主持下，货币规定了以黄金为上币，以镒为单位，每镒重二十四两，以铜半两钱为下币，一万铜钱折合一镒黄金。并严令珠玉、龟、贝、银、锡之类作为装饰品和宝藏，不得当作货币流通。同时，规定货币的铸造权归国家所有，私人不得铸币，违者治罪等。

李斯向秦始皇提的建议和措施都是以法家的加强中央集权和君主专制思想为指导的，李斯的一生，绝大部分时间都是在实践着法家的思想。

李斯的政治主张及依法治国的施政措施对我国和世界产生了深远的影响，奠定了我国2000多年政治制度的基本格局。

阅读链接

秦王朝建立之初，宰相李斯为了巩固新政权，对秦始皇说：“由于时代的变化，五帝三代的治国办法并不值得效法。现在天下统一，首先应该防止搅乱民心。对于造谣惑众，不利于统一天下的言行必须禁止，否则将会影响政局的稳定，有损于皇帝的权威。”李斯的建议得到了秦始皇的允许。在李斯的建议和主持下，秦王朝还废除了六国旧制，统一车轨、文字、度量衡制度。

李斯政治主张的实施对我国和世界产生了深远的影响，奠定了我国2000多年政治制度的基本格局。

各家各派

春秋战国时期的学术派别，除儒家、道家、法家外，还有墨家、名家等学派学说，这是我国历史上第一次思想大解放。

墨家是众多学派中的一个重要学派，其社会伦理思想以兼爱为核心，以尚贤、尚同、节用、节葬作为治国方法。名家作为华夏文化中一种思想与逻辑表现的载体，主要是以逻辑原理来分析事物，以哲学论证来辨别社会问题。此外还有农家、阴阳家、兵家、医家等，它们一同构成了战国时期“百家争鸣”的繁荣景象，对后世影响很大。

墨家学派墨子与《墨子》

战国初期，在宋国国都商丘的一个没落的贵族家里，一个男孩出生了，父母给他取名叫墨翟。

墨翟少年时做过牧童，学过木工；作为贵族后裔，他自然也受到必不可少的文化教育。成人后，墨翟为了学习治国之道，恢复自己先祖曾经有过的荣光，便去拜访天下名师，开始了各地游学的生活。那时候，他主要学习的是儒家经典。

墨子画像

在学习过程中，墨翟渐渐发现，儒家所讲的思想内容都是一些华而不实的废话。因此，他决定以“兴天下之利，除万民之害”为己任，到处奔走，宣传行义。

战国时期的社会是“强之劫

弱、众之暴寡”，针对这一现实，墨翟认为这是因为天下人不相爱所致，因此他提出了“兼爱非攻”的主张。墨翟要求君臣、父子、兄弟都要在平等的基础上相互友爱，“爱人若爱其身”。

墨翟的这套理论得到了来自社会底层的大批手工业者和下层士人的拥护，他们开始追随墨翟，并尊称他为墨子。墨子和其弟子便把这些人组成了墨家游侠集团。

这个集团有严密的组织和严格的纪律，他们统一穿短衣草鞋，并参加劳动，以吃苦为高尚。如果谁违背了这些原则，轻则开除，重则处死。

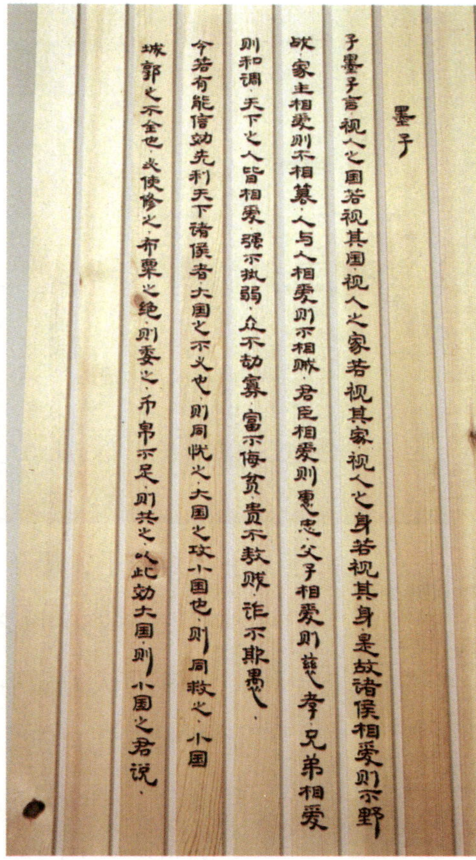

竹简《墨子》

这个组织还规定墨家学派的领袖称为“巨子”，也作“矩子”，代代下传。所有这个组织的人都必须服从巨子的指挥，哪怕是“赴火蹈刃”也要在所不惜。

刚开始的时候，墨子在各地聚众讲学，常常以激烈的言辞抨击儒家和各诸侯国的暴政。经过几年的实践，墨子深感要想“兴天下之利，除万民之害”，靠一个人的力量远远不够，必须组织更多的人为义献身。

为了培养大批人才，墨子在30岁之前创办了历史上第一个设有文、理、军、工等科的综合性平民学校。

当时楚惠王为了把贤才墨子留在楚国，就打算以

兼爱非攻 墨家学派的主要思想观点。兼爱便必须非攻，非攻即反对攻战；只有兼爱才能做到非攻，也只有非攻才能保证兼爱。兼爱是大到国家之间要兼相爱交相利，小到人与人之间也要兼相爱交相利。其他如节用、节葬、非乐等主张，也都是由此而派生出来的。

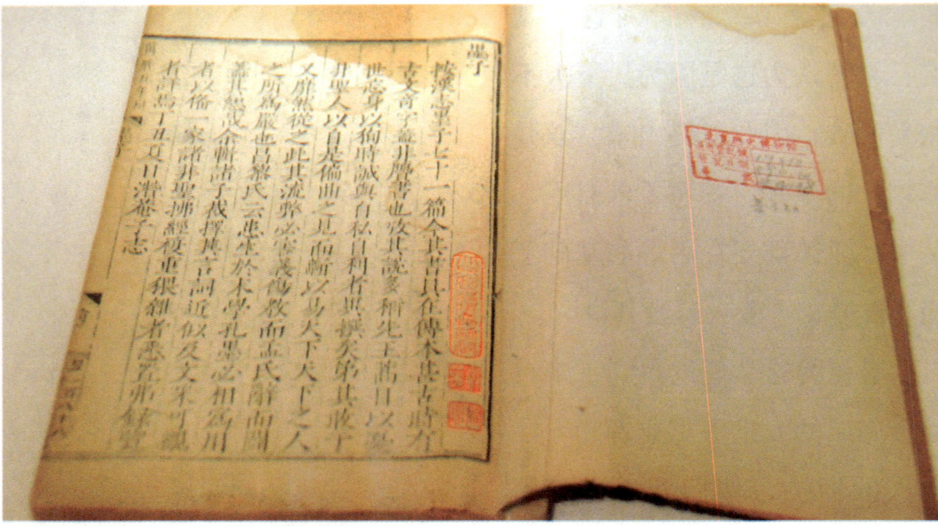

古籍《墨子》

书社封墨子，墨子没有接受。越王听说这件事后，也打算以吴的500里之地封给墨子，墨子也没有接受。

墨子认为做有利他人之事，并不意味着只利于他人而不利自己，实事上，在利他人的同时，也在利自己。这个利益是相互的。因而决不可做牺牲他人的事情，因为牺牲他人利益的同时也是在损害自己的利益。

墨子认为，如果所有的人都能做到相互爱护，同时又能做到相互给予利益，就可以改变丑恶的时弊。

在对待人才上，墨子提倡“尚同尚贤”。尚同是要求百姓与天子皆上同于天志，上下一心实行义政。尚贤则包括选举贤者为官吏，选举贤者为天子国君。

墨子着力强调君子修身的重要性。人在社会上要想成就一番事业，必须要从修身做起，必须要铸就高尚的品行，这才是一切事业的起点。

仁义之士所要做的事，必然是兴盛天下人利益，消除天下人的危害，以此作为自己的事业。也就是

书社 又称为“里社”，是我国历史上的一种基层行政管理体制。书社，即将社员之名籍书于社簿，它实际上是历来实行的一种基层行政管理体制，其特点是里、社合一，聚族而居。据史籍记载，齐侯封管仲书社三百，越王欲以故吴之地、阴江之浦书社三百封墨子，等等，都是春秋战国时期民间基层之社的写照。

说，君子要兴盛天下人的公利，消除天下人的公害。

另外，针对儒家看重的久丧厚葬之俗，墨子提出了节用、节葬，认为君主、王公贵族都应像古代大禹一样，过清廉俭朴的生活。

墨子反对剥削，崇尚劳动；反对以强欺弱，主张兼爱、非攻；反对儒家礼乐，主张节葬、节用；反对世卿世禄，主张尚贤、尚同。于是，在墨子晚年，儒墨齐名。在他去世后，墨家弟子仍“充满天下”“不可胜数”。因此，战国时期虽有诸子百家，但“儒墨显学”则是百家之首。

墨子的弟子及再传弟子将墨子言行的记录成书，名为《墨子》。这是一部光彩夺目的巨著，是墨家学说的精华之作。

《墨子》原来有71篇，现存53篇，其中《经上》《经下》《经说上》《经说下》等4篇合存起来称《墨经》。这4篇再加上《大取》《小取》2篇，称为《墨辩》。也有人把这6篇放在一起，总称为《墨经》。

《墨子》是一部内容丰富、结构严谨的科学著作。书中对很多问题阐述严密，说理透彻，立论准确，具有十分重要的科学价值。《墨子》内容广博，包括政治、军事、哲学、伦理、逻辑、科技等方面，是研究墨子及其后学的重要史料。在古典哲学和自然科学著作中，是一部不可多得的珍品。

阅读链接

墨子精通手工技艺，可与当时的巧匠公输班相比，墨子擅长防守城池，据说他制作守城器械的本领比公输班还要高明。他自称“鄙人”，被人称为“布衣之士”。

墨子一生的活动主要在两方面：一是广收弟子，积极宣传自己的学说；二是不遗余力地反对兼并战争。为宣传自己的主张，墨子广收门徒，一般的亲信弟子达到数百人之多，形成了声势浩大的墨家学派。墨子的行迹很广，东到宋、齐，北到郑、卫，南到楚、越。

邹衍创立五德终始学说

战国时期，齐国在齐威王和齐宣王治理时国力强大，齐宣王在位时已是雄心勃勃要做天子了。等到齐闵王即位后，凭借着以前赫赫霸业的余威，开始不断向外扩张，南边攻下楚国淮北之地，北边兼并宋国，威摄泗水流域12个诸侯国，西面攻伐三晋，对抗强秦，使五国服从，邹、鲁之君，泗上诸侯都对他称臣。

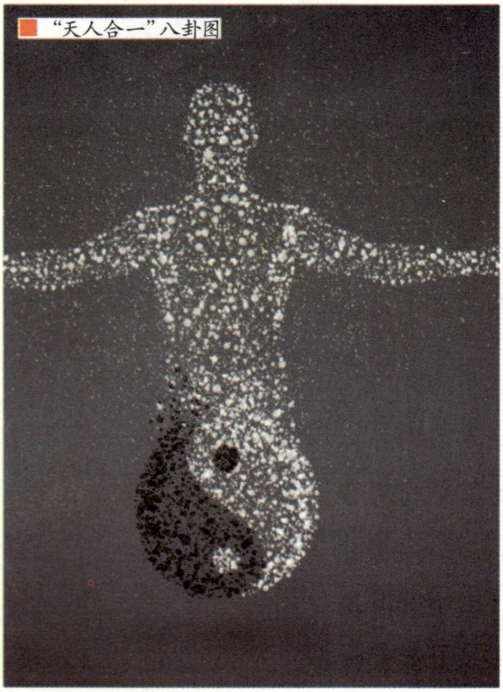
"天人合一"八卦图

当时，齐国为招揽人才而设立稷下学宫，其中有一个叫邹衍的学者，人称邹子，他的一套学说正是为争夺霸主设计的政治方案，因此他本人及其学说都受到齐宣王和齐闵王的高度重视，他也被赐为上大夫。

雕刻天人合一

邹衍是齐国人，与学者公孙龙是同时代人。无论是学儒术，还是攻阴阳，邹衍的目的都是为匡世济民而寻求经世致用之学。

后来，谋略家苏秦为了对付齐国，于公元前288年向燕昭王提出“秦为西帝，趙为中帝，燕为北帝，立三帝从而可以号令诸侯”的战略计划。

当时燕昭王正打算积蓄力量以报齐之前的灭燕之仇，于是他同意了苏秦的计划，并重用苏秦，加紧伐齐的各种准备。但齐闵王在灭宋以后被胜利冲昏了头脑，做起当天子的美梦来了，对燕昭王的复仇计划全然没有放在心上。

面对齐闵王麻痹大意，坐享其成，稷下先生们多次规谏，但齐闵王却自以为是，根本就不听。不仅如此，他还对稷下先生十分怠慢，物质待遇也大为下降，致使一些稷下先生穷困潦倒，纷纷逃散。

恰在此时，燕昭王招贤纳士，为学者郭隗修筑宫殿以师礼待之，以此作为尊贤榜样。一时间，各国人才争相趋燕。在这种背景下，邹衍离齐入燕。

邹衍到燕国，燕昭王亲自为他打扫台阶，擦净竹

上大夫 先秦官名，战国诸侯国中的爵位分为卿、大夫、士3级，大夫比卿低一等。战国时，官爵可分为卿和大夫两级：在卿当中有上卿、亚卿之分；在大夫之中，有长大夫、上大夫、中大夫等。秦汉时，大夫为皇帝近臣，中央要职有御史大夫。后世延置，但名称和职能多有不同。

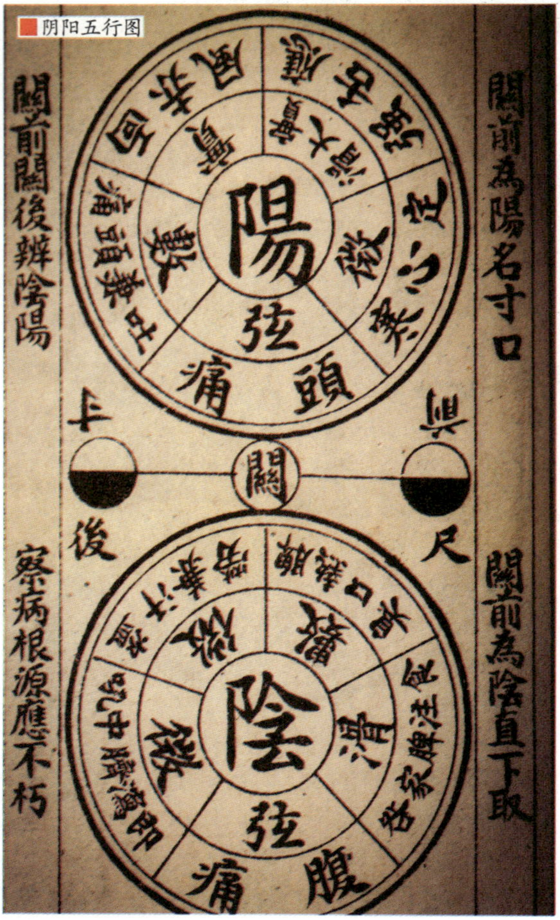

阴阳五行图

席，执弟子礼，在黄金台上拜他为师，并亲建馆驿请他居住，随时听取他的指教。

燕昭王在邹衍、乐毅等辅助下，国力日强。公元前284年，燕昭王以乐毅为上将军，与秦、楚、韩、赵、魏联合伐齐。齐是邹衍的家乡，他虽然憎恨迫使他背井离乡的齐王，但他始终不渝地爱恋着生他养他的那块热土。他没有，也不能参加这场战争。

燕昭王去世以后，由燕惠王继位，而他对先朝旧臣并不那么信任，邹衍在燕国境遇大坏。齐襄王继位后，稷下学宫又恢复了过去的繁荣局面。邹衍原本思乡情涌，闻此消息，归心似箭，他又回到自己的家乡。

历经坎坷的邹衍，逐渐形成了“天人合一”的思想、阴阳五行学说，以及大小九州说。其中的阴阳学说是邹衍最重要的学说，也是他作为阴阳家创始人的标志。

据史书《汉书·艺文志》，邹衍著了《邹子》49篇和《邹子终始》56篇。《史记·孟子荀卿列传》说邹衍著作“《终始》《大圣》之篇10余万言”，并说“邹衍之术，迂大而宏辨”，将他列为稷下诸子之首。

邹衍在阴阳五行方面提出的“五德终始”学说，在当时惊世骇俗。邹衍认为，世界万物的转移就是仿照自然界的五行相克即土克水、木克土、金克木、火克金、水克火的规律进行的。

“五德终始”是具有朴素唯物主义和辩证法的思想因素。它是邹衍试图对自然界和人类社会作为一个统一体而做出解释，是阴阳家沟通人类与自然界而虚构出来的一座桥梁，是对春秋战国时期的天、地、人“三才”说的运用和发展。邹衍把历史看成常变的，认为没有万世长存的王朝，这是合理的。

邹衍的“五德终始”学说不仅在当时受到重视，而且对后世的学术和政治也产生了重大影响。“五德终始”作为一种改朝换代的理论工具，受到历代新王朝建立者的信奉。

秦始皇统一六国后，根据邹衍“水德代周而行”的论断，以秦文公出猎获黑龙作为水德兴起的符瑞，进行了一系列符合水德要求的改革，以证明其政权的合法性，遂成为“五德终始”说的第一个实践者。

阅读链接

邹衍在燕国时，常到各地去考察。据说有一年春天，他来到渔阳郡，见此地寒气太盛，草木不长，百姓生活很苦，就上了郡城南边不远的一座小山上，吹起了律管，演奏春之曲，一连吹了三天三夜。吹律之后，暖风飘来，冰消雪化，整个渔阳大地变暖，农民赶紧耕地下种。这年庄稼长得特别好，五谷丰登。从此，渔阳老百姓的日子渐渐好起来。

邹衍离开渔阳以后，百姓怀念他，便把他吹律的小山定名为黍谷山，山上建了邹夫子祠，又立了碑，碑上写“邹衍吹律旧地”。

兵家孙武与《孙子兵法》

春秋时期，约公元前545年，齐国一个祖辈精通军事的世袭贵族家庭里添了一个男孩。男孩祖父孙书和父亲孙凭同在朝中为官，听说家中喜添男丁，就在孩子出生的当天晚上，高兴地一齐赶回家中。

全家上下都沉浸在无比喜悦的氛围之中。孙书望着襁褓中的孙儿，真希望他快快长大，继承和发扬将门武业，报效国家。

孙武彩像

孙书决定给孙儿取名为“武”，孙凭完全赞同。武的字形由“止”“戈”两字组成，能止戈才是武。古兵书上说“武有七德”，即武力可以用来禁止强暴，消灭战争，保持

运用《孙子兵法》的赤壁之战

强大，巩固功业，安定百姓，协和大众和丰富财物。孙书还给孙儿取了个字，叫“长卿”。

“卿”在当时为朝中的大官，与大夫同列。孙书为齐大夫，孙凭为齐卿。他们希望孙儿将来也能像他们一样，在朝中为官，成为国家栋梁。

事情果真像他们所希望的那样，随着时间的推移，孙武逐渐显现出对军事的爱好和特有的天赋。也许是自幼受到将门家庭的熏陶，孙武自幼聪慧睿智，机敏过人，勤奋好学，善于思考，富有创见，而且特别尚武。每当祖父、父亲自朝中回到家里，孙武总缠着他们，让他们给他讲故事。

孙武特别喜欢听打仗的故事，而且百听不厌。时间一长，在一旁侍候孙武的奴仆、家丁也都学会了。于是当祖父和父亲不在家时，孙武就缠着他们给他讲。

卿 古代高级官名，有“三公九卿”之称。卿也称“上大夫”，汉时以太常、光禄勋、卫尉、太仆、廷尉、大鸿胪、宗正、大司农、少府为九卿，都是当时的高官，他们分掌具体的行政事务，如祭祀、礼仪、军事、行政、司法、文化教育等，属于我国古代传统官职的重要组成部分。

竹简《孙子兵法》

除了听故事，孙武还有一个最大的爱好就是看书，尤其是兵书。孙家是一个祖祖辈辈都精通军事的贵族世家，家中收藏的兵书非常多。孙武喜欢爬上阁楼，把写满字的竹简拿下来翻看，有不明白的问题就请教家聘的老师，甚至直接找祖父、父亲问个明白。

有一次，孙武读到“国之大事，在祀与戎”，他就跑去问老师：“先生，祀是什么？戎是什么？”

老师想今天孙武问的问题倒是简单，于是随口说：“祀是祭祀，戎是兵戎。”

孙武接着问：“祭祀是一种精神上的寄托，怎么能和兵戎相提并论为国家的大事呢？”

老师顿觉奇异，一时答不出来。

孙武接着说：“只有兵才是国家的大事，是君臣不可不察的大事。”

孙武在私塾读书时，在所有的课程中，孙武最感兴趣的是“六艺”中的“射”和“御”。在

祭祀 我国传统礼典的一部分，更是儒教礼仪中最重要的部分。其对象主要分为3类：天神、地祇、人鬼。天神称“祀”，地祇称“祭”，宗庙称“享”。祭祀的法则详细记载于儒教圣经《周礼》《礼记》中，并有《礼记·正义》《大学衍义补》等经书进行解释。

“射”“御”的第一节课上，老师先给学生讲解了“射”“御”的基本内容及学习“射”“御”的意义。“射”和“御”既是战场拼杀的基本技能，也是齐国社会竞技活动的主要项目。

孙武18岁那年，他生活的齐国内部矛盾重重，危机四伏，权力阶层发生争斗，且愈演愈烈。孙武对这种内部斗争极其反感，不愿纠缠其中，遂萌发了远奔他乡、另谋出路去施展自己才能的念头。

当时南方有个吴国，吴国自寿梦称王以来，国势强盛，积极准备伐楚，扩大势力，很有新兴气象。孙武认定吴国是他理想的施展才能和实现抱负的地方。

孙武到了吴国后，被吴国大夫伍子胥引荐给吴王阖闾，孙武带着刚写就的13篇兵法进见吴王。吴王将这13篇兵法一一看罢后，啧啧称好，拜孙武为元帅兼军师，执掌吴国军事。

在伍子胥和孙武的治理下，吴国的内政和军事都

伍子胥（前559年～前484年），春秋末期吴国大夫、军事家，名员，字子胥，本楚国椒邑人。伍子胥从楚国逃到吴国，成为吴王阖闾的重臣。吴国倚重伍子胥等人之谋，西破强楚、北败徐、鲁、齐，成为诸侯一霸。

大有起色。吴王极为倚重二人，把他们两人视为左膀右臂。

公元前506年，吴国攻楚的条件已经成熟，孙武与伍子胥制定了战略构想：大军首先进行战略奔袭，深入楚国腹地，然后直捣楚国都城郢。为此，孙武为阖闾制定了一条出乎楚国意料的进军路线，从著名的“义阳三关”，即武阳关、九里关、平靖关，直插汉水。

吴军按照这一进军路线，顺利地达到汉水，进抵楚国腹地。楚军沿汉水组织防御，同吴军隔水对阵。由于楚军主帅令尹子擅自改变预定的夹击吴军的作战计划，单独率军渡过汉水进攻吴军，结果在“柏举之战”中大败。吴军乘胜追击，5战5胜，占领了楚的国都郢城。

阖闾去世后，其子夫差继位。随着吴国霸业的蒸蒸日上，夫差渐渐自以为是，不再像以前那样励精图治，对孙武、伍子胥这些功臣不再那么重视，反而重

柏举之战 公元前506年发生在吴国和楚国之间的一场战役。当时吴王阖闾率领的3万吴国军队深入楚地，在柏举即今湖北省麻城境内与楚军20万主力会战。吴军因敌用兵，寻机决战，最后取胜。此战是春秋末期一次规模宏大、影响深远的大战。它是我国古代军事史上以少胜多、快速取胜的成功战例。战后吴国声威大振，为争霸中原奠定了坚实的基础。

吴越争霸雕塑

孙膑献策围魏救赵雕塑

用奸臣伯嚭。

孙武的心完全冷了，他意识到吴国已经不可救药。同时也深知“飞鸟尽，良弓藏；狡兔死，走狗烹”的道理，于是他便悄然归隐，息影深山。他根据自己训练军队、指挥作战的经验，修订其兵法13篇，使其更臻完善，最后完成了《孙子兵法》一书。

《孙子兵法》又称《孙武兵法》《吴孙子兵法》《孙子兵书》《孙武兵书》等。《孙子兵法》13篇的内容体现了孙武的战略战术思想，是先秦兵家的代表著作。

第一篇《始计》，讲的是庙算，即出兵前在庙堂上比较敌我的各种条件，估算战事胜负的可能性，并制订作战计划。作为《孙子兵法》的首篇，在一定程

战略战术 军事术语，泛指指导或决定全局的策略和作战具体部署和克敌制胜的谋略。战略，是指导战争全局的计划和策略。包括方针、任务、方向和主要作战形式的确定，战略情报、通信、指挥系统的建设等。战术，是指导战斗的原则和方法。主要包括战斗的基本原则、战斗的方法和战斗的组织实施。

度上可以视为孙子卓越军事思想的高度浓缩和精辟概括，它从宏观上对决定战争胜负的政治、军事等各项基本条件进行比较、分析和研究，并对战争的发展进程和最终结局进行预测，尤其强调用兵前的周密谋划对战争胜负的决定作用。

第二篇《作战》，讲的是庙算后的战争动员及取用于敌，胜敌益强。本篇着重分析了战争与经济的关系，战争依赖于经济，但会对经济造成一定程度的破坏。

第三篇《谋攻》，讲的是以智谋攻城，即不专用武力，而是采用各种手段使守敌投降。

第四篇《军形》，讲的是具有客观、稳定、易见等性质的因素，如战斗力的强弱、战争的物质准备。

第五篇《兵势》，讲的是指主观、易变、带有偶然性的因素，如兵力的配置、士气的勇怯。

第六篇《虚实》，讲的是如何通过分散集结、包围迂回，造成预定会战地点上的我强敌劣，以多胜少。

第七篇《军争》，讲的是如何“以迂为直”“以患为利”，夺取会战的先机之利。

第八篇《九变》，讲的是将军根据不同情况采取不同的战略战术。

第九篇《行军》，讲的是如何在行军中宿营和观察敌情。

第十篇《地形》，讲的是6种不同的作战地形及相应的战术要求。

第十一篇《九地》，讲的是依“主客”形势和深入敌方的程度等划分的9种作战环境及相应的战术要求。

第十二篇《火攻》，讲的是以火助攻与“慎战”思想。

第十三篇《用间》，讲的是5种军事间谍的配合使用。

《孙子兵法》内容博大精深，思想精邃富赡，逻辑缜密严谨，是古代汉族军事思想精的集中体现。它在我国古代军事学术和战争实践中都起过极其重要的指导作用。

《孙子兵法》是我国汉族古典军事文化遗产中的璀璨瑰宝，是我国优秀文化传统的重要组成部分。《孙子兵法》也是世界上第一部军事著作，历来备受推崇，被誉为“兵学盛典”和“古代第一兵书”。

阅读链接

孙武初到吴国时，常给吴王讲解战术兵法，不过吴王并不盲从，听不明白的地方，常常和孙武抬扛。比如孙武认为杰出的指挥者可以将娇小的女子训练得像兵士一样坚强勇猛，吴王则认为这不可能。孙武就请求让宫女、妃子来试一试。吴王想看看孙武究竟有没有能耐，就答应了孙武的要求，把100多名宫女、妃子交给孙武训练。

后来，吴王见那些弱不禁风的宫女经过孙武训练后，果然英姿勃勃，由此对孙武不仅信任，而且更加佩服了。

医家代表扁鹊与《难经》

春秋战国时期，公元前407年，卢国一个姬姓秦氏的普通百姓家里又添了一个男孩，取名为秦越人。

秦越人少年时期在故里做过舍长，即旅店的主人。当时在他的旅舍里有一位长住的旅客叫长桑君，秦越人跟长桑君过往甚密，感情融洽。长期交往以后，有一天长桑君对秦越人说："我掌握着一些秘方验方，可是我已经年老，我想把这些医术及秘方传授于你，你要保守秘密，不可外传。"

扁鹊画像

秦越人当即拜长桑君为师，虚心跟着长桑君学习医术。经过刻苦努力，秦越人最后继承了长桑君的医术，成为一代名医。

秦越人成名后，就把积累的医疗经验用于平民百姓。他周游列国，到各地行医，为民解除痛苦。由于秦越人的医术高超，时人借用上古神话时代的神医“扁鹊”的名号来称呼他。

扁鹊云游各国为君侯看病，也为百姓除疾，名扬天下。在魏国时，魏王问他：“你们兄弟三人都精于医术，谁是医术最好的呢？”

扁鹊：“大哥最好，二哥差些，我是最差的一个。”魏王不解。

扁鹊解释说：“我大哥给人治病，是在病人病情没发作之前就提前下药把病人的病根给铲除了，而这个时候，病人并没意识到自己有病，所以，我大哥的医术难以被人认可，也没有名气。我二哥给人治病，是治在病人病初起之时，那时病人的症状尚不十分明显，病人也没有觉得痛苦，我二哥就能药到病除，所以乡里人都认为我二哥只能治小病。我给人治病，往往都是在病人病情十分严重的时候。他们看到我在病人经脉上穿刺，用针放血，或在患处敷以毒药以毒攻毒，或动大手术直指病灶，使重病人病情得到缓解或很快治愈，就以为我医术很高，便四处为我扬名，使我名闻天下。”魏王听后大悟。

扁鹊生活的年代是人才辈出的时代，各国都在竞争人才，形成了招纳贤士的社会风尚。秦国对医生很尊重，并给予医生极好的待遇，所以各国名医纷纷来到秦国。在这种情况下，扁鹊也来到了秦国。

有一天，秦武王与武士们进行举鼎比赛，不觉伤了腰部，疼痛难忍，吃了太医李醯的药，也不见好转，并且更加严重。有人将“神医”扁鹊已来到秦国的事告诉了武王，武王便传令让扁鹊入宫。

扁鹊看了秦武王的神态，按了按他的脉搏，用力在他的腰间推拿了几下，又让秦武王自己活动几下，秦武王立刻感觉好了许多。接着扁鹊又给秦武王服了一剂汤药，其病状马上就完全消失了。

除医术高明外，扁鹊的品质也非常高尚，他看病行医有“六不治”原则：一是依仗权势，骄横跋扈的人不治；二是贪图钱财，不顾

性命的人不治；三是暴饮暴食，饮食无常的人不治；四是病深不早求医的不治；五是身体虚弱不能服药的不治；六是相信巫术不相信医道的不治。

相传有名的中医典籍《难经》为扁鹊所著。扁鹊奠定了中医学的切脉诊断方法，开启了中医学的先河。作为我国传统医学的鼻祖，扁鹊对我国中医药学的发展有着特殊的贡献。

阅读链接

据说扁鹊做客馆主管时，他的老师长桑君有一天拿出一服药给他说："用草木上的露水送服这种药，30天后你就能知晓许多事情。"随后，长桑君又拿出全部秘方交给扁鹊。正当扁鹊看这些秘方时，长桑君忽然就不见了，扁鹊心想长桑君大概不是凡人。

扁鹊按照长桑君说的方法服药，30天后，他就能看见墙另一边的人。扁鹊有了这个特殊功能后，在诊视别人的疾病时，虽然表面上是在为病人切脉，实际上他已经看清了病人五脏内所有的病症。这个传说表达了人们对扁鹊医术高明的赞誉。

无神论者王充与《论衡》

我国东汉时期的27年，在会稽上虞一个王姓的贫苦人家中诞生了一个男孩，父母给他取名叫王充。

王充的祖上曾经是西汉魏郡元城荣耀非凡的显达望族，王氏一门内外，上有皇后、宰相，下有列侯、将军及各级官吏。但到了东汉时期，随着政

■ 王充（27年～约97年），字仲任，会稽上虞人，他的祖先从魏郡元城迁徙到会稽。王充年少时就成了孤儿，乡里人都称赞他孝顺。后来到京城，到太学里学习，拜扶风人班彪为师。《论衡》是王充的代表作品，也是我国历史上一部不朽的无神论著作。

权的转移，王充祖上丢掉了爵位和封地，由燕赵之地迁居秀水江南，成为以桑为业的普通人家，家族也从此走向衰落。

王充四五岁的时候，与他同龄的孩子都喜欢掩雀捕蝉，戏钱爬树，王充却从来不去参与，从小就表现出孤介寡和、端庄严整的气质。这引起父亲王诵的重视，于是王诵在王充6岁便开始教他读书写字，在王充8岁时便把他送进小学读书。

当时，跟王充一起读书的学童有100多个人，这些学生都因过失和书法不工遭到过老师的体罚，唯有王充书法日进，又无过错，从没被老师指责过。

学会写字后，王充便告别了书馆，开始了儒家经典的专经学习和儒家道德的修习。没过多久，王充的父亲就去世了，失去父亲的少年王充，不但在学习上更加用功，而且对母亲非常孝顺。

王充为了学习更多的知识，常常想尽办法向人借书看，以增加自己的知识。有一次，他到国都洛阳，经过书坊时看到里面有很多他没读过的书，便忘了要办的事，在书坊一本接一本翻阅起来。

天色渐渐暗了下来，书坊老板对他说："小伙子，你已经看了一天书了，到底要买哪一部？"

王充吃惊地抬起头来，不好意思地说："对不起，我没钱买书。"

书坊老板问道："既然没有钱，你来书坊干什么呢？"

王充说："我来这里是想看些书。"

书坊老板讥讽他说：“你这么匆忙地一本接一本地翻阅，看得进去吗？”

王充自信地说：“当然看进去了，我不但看进去了，而且还能背出来呢！”

书坊老板不信，说道：“如果你能背得出哪一部书的话，我就把那部书送给你；如果背不出，以后就不许再到我这里来白看书了，行吗？”

王充一口答应，接着，王充便不慌不忙地把自己刚才看过的几部书从头到尾地背出来。

书坊老板也是个有点学问的人，惊讶之余，马上意识到这个年轻人不同凡响，于是，把王充刚才翻过的几部书全部送给他了。

东汉京师在洛阳，当时是全国政治、经济、文化的中心。东汉的

东汉官员画像砖

王允《论衡》浮雕

开国皇帝汉光武帝刘秀本是南阳的一位书生，夺得天下后，特别注重文雅，尤尚儒术。为了安抚这批饱学通经之士，汉光武帝特起太学，设博士，用他们来教授生徒，造就人才。

在当时，太学既是全国的最高学府，而且典籍丰富，名流革集，也是全国最权威的学术活动中心。因此四方郡县都挑选优秀青年进入太学深造，少年充王也因成绩优异被保送到太学兰台学习。

兰台是东汉的皇家图书馆和国家史馆，在那里读书作文，皆由公家供应纸墨，条件优越，待遇优厚，因此时人称进入兰台为登蓬莱，世以为荣。

王充在太学学习期间非常勤奋，他经常利用课余时间读各种书，没过多久，他便把太学里收藏的书几乎都读遍了。于是，王充便常常去街市的店铺里找书来读。由于家里穷，没钱买，他便经常在店铺里借书看。

王充读书十分认真，记忆力又强，一部新书，读过一遍就能把主要内容记下来。因此，王充对各家各派的学说著作都非常熟悉。

在当时，太学受今文经学的影响，盛行章句之学。传经注重家法师承，先生们将先师的遗教记下，

太学 我国古代的大学。太学之名始于西周。汉代始设于京师。汉代太学建立，标志着我国封建官立大学制度的确立。汉代太学在传播文化方面，也起了重要作用。太学提倡自学、允许自由研讨、鼓励学成通才的做法，对于今天改革大学教育仍然富有启发。

章有章旨，句有句解，称为“章句”。弟子们反复记诵，味同嚼蜡；恪守师训，不敢越雷池一步。

东汉有个著名的经学家叫桓谭，其治学特点是“训诂举大义，不为章句”，在思想方法上颇具求实精神，喜好古文经学，常与学者刘歆、扬雄“辨析疑异”，尤其反对当时盛行的谶纬神学。他曾在汉光武皇帝面前冒着杀头的危险非议谶纬神学，对俗儒的鄙俗见解更是深恶痛绝，常常调笔讥讽，“由是多见排抵”。

王充对桓谭最为钦佩，他认为桓谭为汉世学术界断定是非，就像一个公正的执法官一样，并把桓谭称为“素丞相”，以配孔子“素王”，认为评定世间的事情，讨论世间疑难，没有一个学者比得上桓谭。受桓谭的影响，王充对神学迷信、俗说虚妄也深不以为然。

有一天，有人给王充他们讲故事，说春秋时期有

桓谭（约前20年~56年），字君山，沛国相人。东汉哲学家、经学家、琴家。桓谭的论著很受时人和后世学者重视。桓谭是两汉之际著名学者。桓谭治学，求知求实，追求真理，不唯命是从，不怕打击迫害，这种治学精神难能可贵，是值得士人学者学习的。

东汉车马出行图

个善良的楚惠王，这个楚惠王有一次吃酸菜时，发现酸菜里有一只水蛭。如果他把这条水蛭挑出来的话，厨师就会因此被处死。楚惠王怜悯厨师，就不声不响地把水蛭和酸菜一起吞到肚子里。到了晚上，楚惠王大便时，不但把水蛭排泄了出来，而且原来肚子疼的病也痊愈了。

无神论 从广义上来讲，无神论是不相信一切鬼神或灵魂的存在的思想的总和；狭义上，无神论指认为鬼神不存在的思想。无神论并没有统一的哲学思想，但一些无神论者可能相信诸如占星术、缘分等伪科学。无神论经常同反神论相混淆，前者是拒绝相信有神论，而后者是直接明确反对有神论。

王充听完这个故事，马上就批驳了这种说法，王充解释说：“因为人肚子内的温度高，水蛭经受不住，热死了，所以被排泄出来。又因为楚惠王肚内有瘀血，水蛭恰好吸血，在水蛭还没热死的时候，把他肚内的血都吸走了，所以楚惠王的病自然会好了。这是巧合，而不是‘善有善报’。”

东汉时期，儒家思想在意识形态领域里仍占支配地位，但与春秋战国时期所不同的是，儒家学说打上了神秘主义的色彩，掺进了谶纬学说，使儒学变成了“儒术”。王充针对这种儒术和神秘主义的谶纬说

东汉牛耕壁画

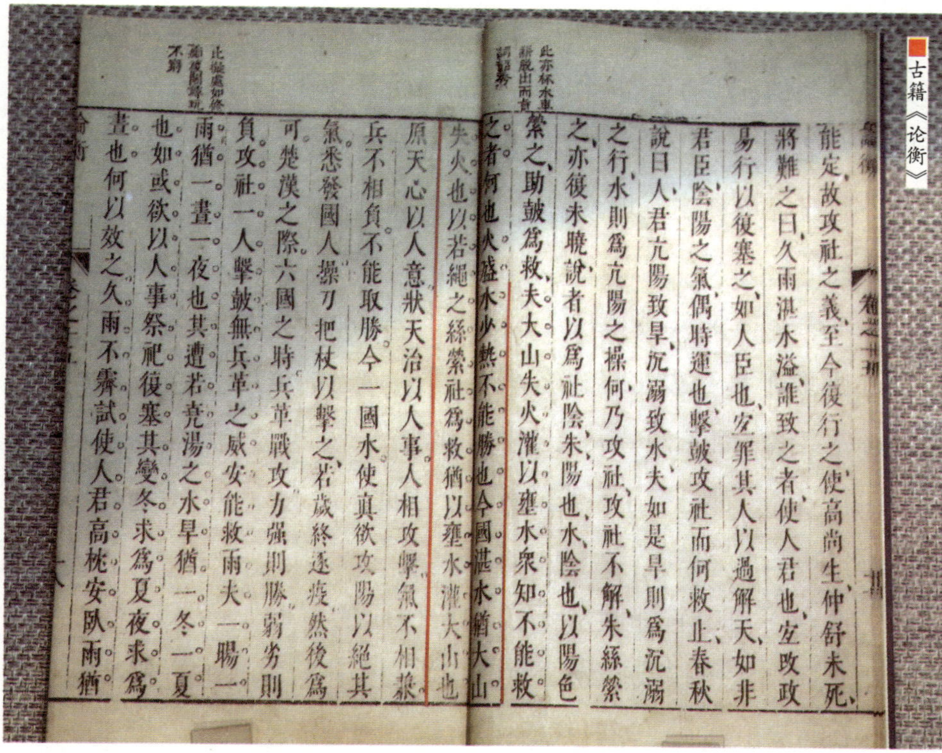
能定，故攻社之義，至今復行之。使高尚生仲舒未死，
將難之曰：久雨湛水溢，誰致之者？使人君也，宜改政
易行以復塞之；如人臣也，宜罪其人以過解天。如非
君臣，陰陽之氣偶時運也，擊鼓攻社而何救止？春秋
說曰：人君亢陽致旱，沉溺致水。夫如是，旱則為沉溺
之行，水則為亢陽之操，何乃攻社？攻社不解，朱絲縈
之，亦復未曉。說者以為社陰，朱陽也；水陰也，以陽色
縈之，助鼓為救。夫大山失火，灌以壅水，衆知不能救
之者，何也？火盛水少，熱不能勝也。今國湛水，猶大山
失火也，以若繩之絲縈社為救，猶以壅水灌大山也。
原天心以人意，狀天治以人事。人相攻擊，氣不相兼，
兵不相負，不能取勝。今一國水，使真欲攻陽以絕其
氣，悉發國人，操刀把杖以擊之，若歲終逐疫，然後為
可。楚漢之際，六國之時，兵革戰攻，力強則勝，弱劣則
負。攻社一人擊鼓，無兵革之威，安能救雨？夫一暘一
雨，猶一晝一夜也。其遭若堯湯之水旱，猶一冬一夏
也。如或欲以人事祭祀復塞其變，冬求為夏，夜求為
晝也，何以效之？久雨不霽，試使人君高枕安臥，雨猶

古籍《论衡》

进行了批判，为此特写了《论衡》一书。

为了写《论衡》，王充搜集的资料装满了几间屋子，房间的窗台上、书架上都放着写作的工具。在写作过程中，他闭门谢客，拒绝应酬，用了几年的工夫才写成。

《论衡》细说微论，解释世俗之疑，辨照是非之理，即以“实”为根据，疾虚妄之言。“衡”字本义是天平，《论衡》就是评定当时言论的价值的天平。它的目的是“冀悟迷惑之心，使知虚实之分”，也就是宣传科学和无神论，对迷信进行了批驳。

在《论衡》里，王充提出天地万物都是由“气”构成，“气”是一种统一的物质元素。“气”有“阴气”和“阳气”，有“有形”和“无形”，人、物的生都是“元气”的凝结，死灭则复归元气，这是个自然发生的过程。

由“气”这个物质性的元素出发，《论衡》指出“天乃玉石之

类”的无知的东西，万物的生长是“自然之化”。天地、万物和人，都是由同一的充塞于宇宙中的气形成，而且是在运动的过程中形成，所以，“外若有为，内实自然”。而人与天地、万物不同的是“知饥知寒”，“见五谷可食之，取而食之；见丝麻可衣，取而衣之”。所以，人和五谷不是上天有意创造出来的，而是“气”的“自然之化”。

《论衡》不仅对当时的儒术进行了尖锐而猛烈的抨击，而且它还批判地吸取了先秦以来各家各派的思想，特别是道家黄老学派的思想，对先秦诸子百家的“天道”“礼和法”“鬼神与薄葬”“命”“性善和性恶”等，都进行了系统的评述。因此，后人称《论衡》书是“博通众流百家之言”的古代小百科全书。

《论衡》敢于宣布世界是由物质构成的，敢于不承认鬼神的存在，敢于向孔孟的权威挑战，并确立了一个比较完整的古代唯物主义体系，在历史上起到了划时代的作用。

《论衡》对后来的唯物主义者、无神论者，诸如魏晋时期的哲学家杨泉、南朝宋时的思想家何承天、南朝齐梁时的无神论者范缜、唐朝时期的大学问家刘禹锡和柳宗元、明清之际的思想家王夫之等，都产生了不同程度的影响。

阅读链接

王充到太学的时间，大约在建武年间的44年，年纪18岁，风华正茂，正是学知识、长见识的大好时光。不过，当时太学受今文经学的影响，盛行章句之学。加之汉光武帝沉迷纬书谶记，事无巨细，皆决于图谶，神学迷信充斥学坛。

当时的太学教育不仅方法僵死，而且内容虚诞。好在这时王充的前辈学者社林、郑众、桓谭、班彪等人都在京师，他们都是古文经学家，博学淹贯，号称大儒。在数家之中，王充对桓谭和班彪最为推崇，受他们的影响也最深。